VEGETABLE

真中シェフの野菜のおいしい「こつ」レシピ

「こつ」がわかると、
レシピなしでも
毎日の野菜料理がおいしくなります！

いつでもどこでも野菜料理のレシピが手に入り、レシピがなくて困る時代ではなくなりました。
でも、そのやり方では野菜の魅力が発揮されずにもったいない、
もっとおいしく食べることができるのに、ということも。
そこで、もっと野菜料理がおいしくなる「こつ」をご紹介するために、真中シェフに学びます。
「意識すると野菜がおいしくなる」＋「あることをすると野菜がおいしくなる」という
調理の「こつ」があるからです。
たったひとつでも身につくと、一生使い続けることができる宝もの的な「こつ」です。
「こつ」は、特別な人だけの特別な技術ではなく、おいしさを生むメカニズムが導いてくれる調理法。
加減は必要ですが、それをすれば、誰でも必ずおいしくできる技術です。
収録したレシピは、各野菜の持ち味を生かしたシンプルな調理法で、
動物性のうまみを極力控え、固形ブイヨンも使わずに仕上げています。
料理をすればするほど「野菜味の新発見」があって「野菜料理に自信」がつくはずです。
毎日おいしい野菜料理のある生活のために、役立てていただけると幸いです。

Prologue

CONTENTS

- 2　Prologue
- 6　本書レシピのお約束

1章　野菜料理の基本の「こつ」

- 8　道具選び
- 10　材料選び
- 13　テクニック1
  おいしさのピークで「ストップ急冷」。
- 15　テクニック2
  「呼び塩」と「あと塩」。塩は2度に分けて加えます。
- 17　テクニック3
  水分コントロールで「コクうま濃縮」。
- 18　テクニック4
  しっとりやさしい味のソフトなセルフ煮。
- 20　テクニック5
  香りを意識するとおいしくなります。
- 22　テクニック6
  火加減に気配りを。

2章　シンプルでおいしい

ゆで野菜
- 24　ゆで野菜の5原則
- 26　ゆで野菜ミックス
- 28　いろんな野菜で応用できるゆで野菜レシピ
  いろいろゆで野菜と米酢ゼリーのカクテル
  小松菜パルミジャーノ、ブロッコリーアンチョヴィ

焼き野菜
- 30　焼き野菜の5原則
- 32　焼き野菜ミックス
- 34　最適な焼き方別、野菜焼き16種
  焼きキャベツ、焼きパプリカ、焼きなす、焼きセロリ、
  焼きズッキーニ、焼きグリーンアスパラガス、
  焼きしいたけ、焼きかぼちゃ、焼きじゃがいも、
  焼きブロッコリー、焼きかぶ、焼きれんこん、
  焼き大根、焼きさつまいも、焼きにんじん
- 36　大根ステーキ
- 37　にんじんステーキ

シンプルクッキング
- 39　パイヤッソン
- 40　じゃがいもと鯛のトルティーノ
- 41　れんこんとえびのガレット
- 42　野菜だけのポトフ
- 44　白菜と豚肉のミルフイユ
- 46　マッシュポテト（なめらかマッシュポテト、つぶしマッシュポテト）
- 48　さつまいものドフィノワーズ
- 50　かぼちゃのグラタン
- 51　米なすのグラタン
- 52　玉ねぎのコンフィ
- 52　きのこのブレゼ

3章　いつでもサラダ

グリーンサラダ
- 54　グリーンサラダの基本
- 56　グリーンサラダシェフ風
- 57　基本のグリーンサラダ
  ＋食感素材／＋香り素材／＋うまみ素材

サラダのソース
- 60　イタリア式ドレッシング
- 61　万能サラダソース（エシャロットヴィネガー、玉ねぎヴィネガー、
  マイルドマヨネーズ、タプナード、はちみつレモンドレッシング）
- 62　野菜がソースになる1
  野菜でピュレ・ドレッシング（にんじん・小松菜・きゅうり・
  トマト・パプリカ・くるみ・セロリ・玉ねぎでドレッシング）
- 64　野菜がソースになる2
  トマトケチャップ、ウスターソース
- 65　シンプルゼリーソース
  米酢ゼリー、水ゼリー、一番だしゼリー

サラダバラエティ
- 66　サラダ・ペイザンヌ
- 68　アンディーヴと若鶏のサラダ
- 70　タブレ

- 72 **シンプルシェフサラダ**
  - サクサクきゅうりサラダ、キャロット・ラペ
  - さやいんげんとマッシュルームのサラダ
  - シェフ風冷やしトマト
  - コールスロー、かぶとえびのサラダ
  - 大根サラダ、とうもろこしの6対4サラダ
- 77 ポテトサラダ
- 78 **ポテトサラダのアレンジレシピ**
  - ポテトピュレのサラダ、
  - ポテトサラダ パスタ入り

4章 ● シェフズオードヴル

- 80 ラタトゥイユ（基本ラタトゥイユ、濃厚ラタトゥイユ）
- 85 **ラタトゥイユのアレンジレシピ**
  - とろとろ玉子添え、ブルスケッタ、
  - ラタトゥイユとキヌアのカクテル
- 86 フルーツトマトのマリネ 桃添え
- 88 **種類別トマトマリネの展開レシピ**
  - 大玉トマトのマリネで作る
  - フルーツトマトのマリネで作る
  - ミニトマトのマリネで作る
- 90 ホワイトアスパラガスのソテーのとろとろ玉子添え
- 92 野菜のア・ラ・グレック
- 94 バーニャカウダ
- 96 パンツァネッラ
- 98 野菜テリーヌ

  作りおきできるオードヴル
- 102 野菜の淡味マリネ
- 104 トマトコンフィ
- 105 ペペロナータ
- 106 なすのバルサミコ酢マリネ

5章 ● いつでもスープ

シンプルスープ
- 108 スープ作りの基本
- 110 かぶとカリフラワーのスープ
- 112 **シンプルスープのバリエーション**
  - グリーンピーススープ、トマトと玉ねぎのスープ
  - とうもろこしのスープ、新玉ねぎのスープ
  - かぼちゃのスープ、ごぼうのスープ
  - にんじんとパプリカのスープ
  - グリーンアスパラガスのスープ

煮込んでおいしいスープ
- 116 ミネストローネ（基本のミネストローネ、くたくたミネストローネ）
- 120 スープ・ペイザンヌ

スープバラエティ
- 123 モロヘイヤのスープ
- 124 ガスパチョ（赤のガスパチョ、緑のガスパチョ）
- 126 レンズ豆のスープ、水ゼリー添え
- 128 ヴィシソワーズ
- 129 黄ズッキーニとあさりのスープ
- 130 冷製しそスープ

6章 ● 野菜たっぷり一皿ごはん

- 133 クスクス
- 136 グリーンカレー
- 137 トマトカレー
- 140 野菜ごろごろカレー
- 142 ブロッコリーのオレッキエッテ
- 144 マッシュルームのスパゲッティーニ

- 146 **残りもので福レシピ**
  - 薬膳風野菜スープ、かぶの葉ペペロンチーノ
  - 野菜グラタン

- 150 シェフ目線の野菜手帳
- 155 レシピで説明しきれなかったこと
- 158 主要食材別、料理インデックス

始める前に読んでください　**本書レシピのお約束**

大さじ、小さじ、カップのこと

◎材料表の大さじ・小さじ・カップは「計量スプーン」「計量カップ」のことで、それぞれの容量は下表のようになります。特に「山盛り」などの記載がないかぎり、「すり切り」で計量してください。

◎各1杯の食品の重さは、食品によって異なります。下表を参考にして、計量スプーンかデジタルばかりか使いやすいほうで計量してください。

計量スプーン・計量カップの容量

	小さじ1	大さじ1	カップ1
	5ml	15ml	200ml

計量スプーン・計量カップ別 およその重量目安表

食品	小さじ1	大さじ1	カップ1
塩（粗塩）	5g	15g	180g
塩（精製塩）	6g	18g	240g
水	5g	15g	200g
ヴィネガー	5g	15g	200g
はちみつ	7g	21g	280g
牛乳	5g	15g	210g
生クリーム	5g	15g	200g
オリーブ油	4g	13g	180g

野菜の分量

◎同じ野菜でも、個体によってみんな味が違います。分量は「目安」として、目の前の野菜の持ち味を優先にして、そのときどきで増減してください。それでこそ季節の味、生産地の味、作り手の味を楽しむことができます。

◎「正味」とは、皮をむいたり種を除いたりして下ごしらえをしたあとの、使うだけの状態になった重さです。

◎野菜の個体差をあまり気にせずに作れる料理では、分量を個数で表記しています。

◎材料表の下に材料写真を載せていますが、材料表の分量とすべて一致するとは限りません。野菜は個体差も大きいので、写真は使用材料をざっと把握するための参考程度にご覧ください。料理のレシピはあくまでも材料表にある分量です。

調味料の分量

塩、こしょう、E.V.オリーブ油は、料理のおいしさを決める重要素材で、家庭料理がお店の味に比べてひと味たりないのは、調味料を思い切って使えないことも一因。味を作る重要ポイントでは使用量を明記しました。しかし加減については好みと体調が基本です。本文中で「塩、こしょうで味をととのえる」とあったら、状態をみて味見をし、おいしいと感じる量を使ってください

スープや煮込みでは「おいしい水」を

材料表に書いてある「水」は、おいしい水を使ってください。料理の汁のベースとなる水だからです。国産のミネラルウォーターか浄水器を通した水を原則にしてください。日本の野菜には軟水がむいています。

E.V.オリーブ油とは

「エクストラヴァージンオリーブ油」のことを本書では略してE.V.オリーブ油と表記。料理の仕上げに調味料としてかけることが多いので、納得できる味のものを使うことをおすすめします。

バターについて

すべての料理で「食塩不使用タイプ」を使います。食塩使用タイプを使う場合は、調味料として使う塩の量を加減してください。少量のバターで作るレシピなら調整することができます。しかし、たっぷりのバターを使う料理では塩分を加減しきれずくどい味になるので食塩不使用タイプを使ってください。

生クリームについて

パッケージの表示に「種類別：クリーム（乳製品）」とある乳製品の生クリームを使ってください。同じ売り場に植物性脂肪100％の製品や、植物性脂肪や乳化剤などが加わったホイップクリームが並んでいます。原料が違えば、風味や口どけも別ものですので間違えないように。乳脂肪分は30〜45％のものを好みでどうぞ。

赤唐辛子について

写真の中でシェフが使っているものは、カラブリア産のとても小さい赤唐辛子ですが、レシピは「鷹の爪」を想定した分量になっています。ポキッと折って中の種子を取り除いてから使います。

パルミジャーノチーズとは

パルミジャーノ・レッジャーノのことを略して表記。

1章

野菜料理の基本の「こつ」

実際にやったり、意識していたりすると
必ずおいしくなる「こつ」があります。
ちょっとしたことに見える
「大事なこと」をご紹介します。

道具選び

まず、これだけは用意。

　この本の野菜料理に特殊な道具は必要ありません。でも、**使い方次第**で野菜が確実においしく調理できる道具があります。「金属製のボウルとバット」「水きり器」「蓋がぴったりしまる鍋」です。

　まずは金属製のボウルとバット。できれば2つずつ。これはゆでたり煮たりした、あつあつの野菜やピュレを急冷するのに使います。ひとつには氷水を入れ、もうひとつは氷水の上に重ねてセットします。そこに野菜を入れて間接的に氷をあてて冷ますのです。ピュレなど液状のものを冷ますにはボウルがよく、形のある野菜を冷やすには底が平らで広いバットがむいています。大きな野菜や長い野菜もバットなら瞬時に効率よく冷やせます。材質は熱伝導のよいアルミやステンレスの金属製のものを。琺瑯びきは熱伝導率が下がるのでおすすめしません。**冷却用の氷もたっぷり作っておいてください。**もし家庭の製氷機で間に合わないときには、冷却力こそ落ちますが保冷剤を使う手もあります。
　水きり器（サラダスピナー）は、手早く余分な水をきるのに使います。グリーンサラダのような生野菜の料理では、**水が十分にきれていないと味がよくのりません。**また、きゅうりの塩もみのようにきっちり水気を絞りたいときは、ぎゅっと力を入れて絞れる「清潔な布巾」を使います。
　蓋がぴったりしまる鍋は、蒸し煮用。野菜自身の水分で野菜を蒸しながら火を入れるときに、密閉できる蓋のある鍋が必要です。

　最後に調理道具の基本となる、「包丁」と「まな板」です。**包丁は大小の切れ味のよいもの**を持ちましょう。刺身では包丁の切れ味が味を左右することは知られていますが、野菜も同じです。切り口の汚い野菜は、食感だけでなく味もわるくしています。簡易研ぎ器でよいのでいつも研いでおいてください。
　包丁を受け止めるまな板も大事。厚みのあるものなら、上からの強い力をやわらげてくれるので刃のあたりがよく、切れ味もよくなります。

水きり器と清潔な布巾。水気コントロールで活躍します。

ボウルとバットが、じつは野菜料理の最重要ツール。

切れ味はおいしさを左右するから包丁にはこだわって。

蓋がぴったりしまることで蒸気熱を生かせます。

材料選び

食材は旬の露地ものを。
きれいなものより、香りのあるもの。

シンプルな料理ほど食材自体のエネルギーを大切にします。旬の野菜はエネルギーに満ちていて、香りが高く、食べごろです。**香りのぷんぷんするものを選ぶことが、よい野菜を見分けることになります。**形のきれいなものを選ぶことではありません。きれいで新鮮でも、味や香りのない野菜はたくさんあります。

ハウスなどの施設栽培ものが増えて一年中いろいろな野菜が出回っています。真冬に夏の野菜が並び、見かけがよくても、味や香りが伴わないことが少なくありません。そこで、**私が強く推したいのは露地栽培の野菜です。**外で育つ野菜は少なくとも季節のものです。季節独特の空気のなかで育まれるだけで力強さが生まれます。

野菜は鮮度ももちろん大切です。**張りがあり、持ってずっしり重いものを選びます。**切り口のあるものなら、断面が新しくみずみずしければ新鮮である証しになります。購入したら早いうちに使うのが理想ですが、**保管するなら水分を逃がさないように。**玉ねぎ、泥つきごぼう、いも類などは皮つきで常温におきますが、そのほかの葉もの野菜や豆、実を食べる野菜は軽く湿らせた新聞紙などで包み、それをラップやビニール袋などで「口を少し開けて」包んで冷蔵庫で保存します。

野菜料理でよく使うオイルとヴィネガーは、種類豊富で風味も多彩ですが、いずれも**好みのものでOK。**レシピ通りのものでなくてもかまいません。オイルとヴィネガーの種類を変えるだけで料理のニュアンスが変わるので、アレンジを楽しめます。一般的なところではオイルならサラダ油かE.V.オリーブ油、ピュアオリーブ油。ヴィネガーは白か赤のワインヴィネガーですが、米酢でもおいしくできます。レストランでは風味が豊かなシェリーヴィネガーもよく使います。

切り口はみずみずしいか？　購入時には鮮度チェック。

なんといっても露地栽培の野菜は力強くておすすめ。

オイルとヴィネガー選びに「○○でなきゃだめ」はなし。

ラップの包みは少し口を開けて息ができるように。

ただ今「ストップ急冷」中!

野菜をゆでるときは、横に急冷セットを用意してから。

むらなく早く冷えるように「転がしながら」冷まします。

スープだってまずは急冷。色、風味の劣化を止めます。

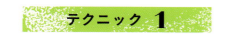

おいしさのピークで「ストップ急冷」。

ゆでたブロッコリーがおいしくないせいで、ブロッコリー嫌いになる方がけっこういるとか。ぜひゆでたらすぐに「ストップ急冷」をしてほしい。「これまで誤解していてごめんなさい」という気持ちになるくらいおいしいブロッコリーに出合えるはずです。

「ストップ急冷」はこの本独自の言い方で、**いちばんおいしい状態の劣化を止めるための急冷**という意味。ちょうどよく火を入れた野菜を即座に冷やして、ピークのおいしさ、色、香り、食感を留めるのです。ゆでっぱなしでは余熱でどんどん加熱が進み、せっかくおいしいと思った瞬間でゆで上げても、食べるまでにオーバーボイルになって色も風味も急激に低下します。おいしさのピークは、時間でみると瞬間的な「点」で、それをすぎれば下り坂。その下っていくのをストップさせるためにボウルとバットを使って、**野菜を間接的に氷水にあてて急冷**します。

　急冷した野菜はおいしさが持続するので、作りおきやお弁当のおかずにも最適です。野菜をゆでるときだけでなく、煮たり、ゆで野菜のピュレを作ったりするときにも「ストップ急冷」を行います。急冷がむかない例外的な野菜もあるのでp.25をチェックしてください。

　ゆで野菜は、くまなく素早く冷やせる底面積の広いバットで冷まし、液体のスープは混ぜやすいボウルで冷まします。**入れたらすぐに混ぜたり、返したりすること。**熱がこもりやすいのでむらなく急冷することが大切です。

　また、氷水の量に対し、冷やす野菜が多すぎると効率よく急冷できないので、**野菜の量に見合ったサイズのボウルとバット、たっぷりの氷水**で急冷します。とにかくスピードが重要ですから、材料表に「急冷用の氷水」とあったら、野菜を加熱する前にボウルもしくはバットに氷水をセットしてください。

　ところでなぜ氷に直接あてて冷ますのではだめかって？　野菜が水っぽくなって風味が水に流れ出てしまうからです。

テキトーに塩を入れるのも今日まで。これは大事な下味つけです。

「ストップ急冷」するときが、塩が浸透しやすいタイミング。

多種多様な塩製品。使い分けもセレクトも好きなものでOK。

「呼び塩」でもんで脱水することで
本質が顔を出す素材もあります。

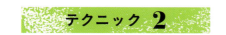

「呼び塩」と「あと塩」。
塩は2度に分けて加えます。

プロの料理人には、「塩を制する者は料理を制する」という考え方があります。塩味がピタリと決まった料理こそが、本当の意味で素材を生かした料理ともいえます。塩を使うのは塩味をつけるだけでなく、**素材がもつ香りや味を引き出す目的があります。**塩が足りなければ素材自体の味がはっきりしないぼけた味になり、過剰な塩は素材の味を抑えて塩辛さだけが際立ちます。持ち味が100％引き出されたポイントで止めることに、塩の役割があります。

　豆を煮る、生しいたけを焼くなどの調理は例外ですが、多くの料理の場合、塩は2度に分けて加えます。「呼び塩」と「あと塩」です。1回で決めるのではなくて、**最初に呼び塩で下味をつけて素材の味を呼び起こし、仕上げ間近にあと塩で塩味を決める**、これが基本です。呼び塩は、焼き始めに野菜に直接ふる塩や、下ゆでの湯に溶かす塩、塩もみの塩など調理の温度帯がさまざまですが、火を入れた野菜の**あと塩は熱いうちにふる**のが鉄則。冷めてからでは塩が浸透せず、持ち味も生かせません。

　あと塩は必ず自分の舌で確認して加えます。塩の種類によって味のききが異なりますし、おいしい塩加減は好みだけでなく、その日の天気や素材の個々の状態でも違います。食べてみないとわかりません。

　塩は種類が多く、風味も多様ですが、**よほど強いクセがない限り、どんな塩を使っても大丈夫**というのが私の持論。ちなみに、店では用途別に3種を使い分けています。塩ゆでの湯には精製度の低い「粗塩」。調理中に野菜に直接ふったりマリネ液に使ったりするのはサラサラして溶けやすく、量の加減もしやすい「精製塩」。アクセントに強い塩味をきかせるときは、結晶の大きな「粒塩」を盛りつけの際にのせています。

みずみずしい野菜に少しの塩をして
加熱すると……。

野菜から水分が出てきて、
同時に野菜自体のうまみの濃度がアップ。

次第に野菜から出た水分が煮つまって野菜と一体に。コクうま濃縮された深い味に。

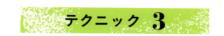

水分コントロールで「コクうま濃縮」。

野菜料理は、野菜自体が持っている水分量をコントロールすることがカギ。<mark>水分をどのようにどれだけ抜くか、どう生かすか。その加減で料理の味わいがかなり決まるからです。</mark>塩をしたり加熱をしたりすれば、野菜から脱水が始まります。水分の抜け方が10％程度までならフレッシュな香りや食感が楽しめますし、それ以上に水分を抜いていくと、フレッシュ感は徐々に失せますが、柔らかくなりコクのあるおいしさが生まれます。

　キャベツ炒めでいうと、さっと強火で短時間炒めたものはあまり水が出ず、食感のよさと香りを楽しめますが、ゆっくり弱火で炒めれば脱水が進んで柔らかくなり、野菜独自のうまみと甘みがかもし出されます。脱水をどこまでやるかは、最終的にどういう仕上げにしたいかで決まるということです。

　ラタトゥイユに代表される「蒸し煮料理」は、素材から水分を抜きながら煮て、濃縮したおいしさを求めるタイプです。弱火の火加減で炒めて香りを立たせ、野菜の持つ水分を引き出しながら、その蒸気を利用して（あるいは少量の水分も加えて）ゆっくり火を入れていきます。野菜に汗をかかせるようにじわじわと水分を引き出すことで柔らかくし、濃縮し、「コクうま」の味に仕立てるのです。

　ただ漫然と野菜を炒めたり、煮たりするのではなく、野菜からどれだけ水分を抜くか、その水分をどこまでとばしてうまみを濃縮するかなど、ひとつひとつの工程を丹念に確認し、次に進んでいくと料理はぐんとおいしくなります。**<mark>水分のコントロールは、うまみのコントロール</mark>**と理解して作りましょう。

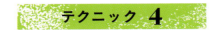

しっとりやさしい味の
ソフトなセルフ煮。

　煮る調理には「煮汁」となる水分が必要ですが、これには2つのタイプがあります。ひとつは水やブイヨンなどの「加える煮汁」。もうひとつが==塩と加熱によって素材からしみ出す水分を利用する「素材自体の煮汁」==。後者は野菜自身の水分で煮る、いわば「セルフ煮」で、混じりけのない野菜のおいしさを楽しむ調理法です。

　本書では「野菜のア・ラ・グレック」(p.92)がその典型。いろいろな野菜を少しの油脂と、水分を引き出すための塩とともに鍋に入れ、蓋をして弱火で蒸し煮にします。まず**野菜の水分をじわじわと汗をかかせるように引き出し、それを蒸気として鍋の中にこもらせ**、その**おいしい水分で自分自身を煮る**——野菜のやさしい味わいを楽しむのにいちばんの料理です。素材の水分を生かすという意味では、ラップで包んで電子レンジ調理をする「玉ねぎのコンフィ」(p.52)や、「野菜テリーヌ」(p.98)のさつまいもとかぼちゃも、素材の中の水分が加熱されて火が入るので、原理は同じです。

　一方、「ラタトゥイユ」(p.80)や「ペペロナータ」(p.105)では、野菜を炒める際に一時的に蓋をして蒸し焼きにします。ときどき蓋をして野菜自身の水分を引き出し、その水分で瞬間的に煮て、たまった余分な水分は再び炒めてとばします。炒める調理にセルフ煮を合わせた、野菜のコクうまを効率的に引き出す手法です。

少しの塩とオイルをからめて火を入れて
水を呼び出します。

密閉して野菜から出た水分で蒸し煮に。
同時に野菜からの脱水も進行中。

野菜のやさしく艶やかな味わいが生まれます。

テクニック 5

香りを意識すると
おいしくなります。

料理は「味」ばかりに気をとられがちですが、じつは「香り」が重要な役割を担っています。「鼻をつまんで食べると味が感じにくい」ともいわれるように、香りがあってこその料理。香りがうまく生かされていると、おいしさは確実に高まります。一皿の料理のおいしさを決める構成要素を「味、香り、見た目」とすると、その重要度は**「味5：香り3：見た目2」と心得てください。**

料理の香りにはいろいろあります。素材自体の固有の香り。料理の仕上がりに添えるハーブ、スパイス、香味野菜などの加える香り。さらに、焼いたり炒めたりすることで生まれる香ばしい香り。また、素材同士が交じりあうことで生まれる香りや、時間をかけて煮込むうちに引き出される香りもあります。どの香りをどのように効かせるかは料理ごとに違いますが、**中途半端にならないよう、効かせるべきところでしっかりと香りを立たせること。**たとえばレモンを搾るときも、皮を上にするか下にするかで香りの効果が違います。香りは果皮の色のあるところに含まれるので、**皮を下にして搾ったほうが断然効果的。**また、野菜は切り方でも香りの出方が違うことを知っておきましょう。

減塩食は塩味が少なく味が物足りなく感じるため、だしのうまみを効かせたり、香りを立たせたりすることがおいしく食べるこつです。それと同じで、うまみが弱いと感じたら、香りのあるしょうがやにんにく、スパイスなどを意識的に効かせたり、ハーブや野菜を薬味としてのせたりして、**香りで味を補う**テクニックを活用しましょう。ただし、**香りの持続時間は案外短いので、ねかせる必要のない料理は作りたてを食べるように！**

むずかしいことを考えないでプラスしてみるのも◎。

「色よく焼く」は、香ばしい「香りづけ」でもあります。

器ににんにくで香りづけ。このほんのりが効くんです。

皮を下にしてぎゅっ！　写真では見えませんが、香り成分が表皮からスプレーされています。

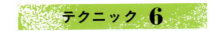
テクニック **6**

火加減 に気配りを。

プロの料理人は、あわただしい作業の中でも、つねに鍋やフライパンの中をチェックし、ベストの火加減をキープしています。

　水を介する調理では、最初は強火。沸騰したら中火や弱火に落とすのが基本ですが、新たに材料を加えれば、湯温は一気に下がるので、再び強火にしてすぐに温度を上げます。また水加減が多すぎたり、早く煮つめたいときには途中で強火に変えて水分をとばし、よい分量になれば再び弱火に戻したりと<mark>状態を見ながらこまやかな調整もします</mark>。焼いたり炒めたりの火加減も同様。イタリア料理では最初ににんにくを炒めることが多いですが、鍋を熱してからにんにくを入れると香りが出る前に一気に焦げてしまいます。冷たい鍋にオイルとともに入れてから火をつけ、ゆっくり加熱しながら香りを出すという気配りが大切です。

　ところで、煮る、ゆでるの調理では、汁にアクが浮いてきます。液体が沸騰しないと野菜からアクが抜けてこないので、<mark>アクが十分に出るまでは、しっかり強火にかけることです。</mark>最初の沸騰時にたくさん出ますから、浮いたらすぐに取り除きます。アクが多い素材の場合は、いったんアクを取った後、水を注いで再沸騰させることで再度アクを引き出して取ることもします。

ブクブク煮立つほど強火にしないと、きちんとアクを引けません。

2章

シンプルでおいしい

さあ、ゆでましょう。
さあ、焼きましょう。
ピカピカのまばゆい野菜と出合ったら
シンプル調理の出番です。

ゆで野菜

「ストップ急冷」すると
ゆでるだけで
野菜がごちそうに。

生野菜はみずみずしさという魅力と同時に、ガリッ、ギラッとした野性のトンガリがあって、たくさんは食べることができません。スティック野菜も少しならよいけど、たくさんは食べられませんよね。それが、ゆでるとほっとする味になって、たっぷり食べられるようになります。硬さやえぐみ、雑味など、人にとっていやなものが取れるからでしょう。でも、取りすぎは味気ないものになるから、おいしい「点」でぴたりと決めるのが「ゆでる」調理のポイントになります。

ゆで野菜の5原則 これを1点もはずさずに行えば、必ず色よく、風味も高い「ごちそうゆで野菜」が完成します。

1 新鮮な野菜を使う。

野菜料理全般に大切なことですが、ゆで野菜でも大前提の条件。ゆでるのにむく野菜は右ページ下を参照。

2 塩分1%でゆでる。

ほとんどの野菜は塩分1%の湯で塩ゆでします。**塩味が入ることで野菜のおいしさが立ってきます**。ブロッコリーは花蕾（からい）がゆで汁を吸いやすく、塩気を濃く感じるので0.5%にします。

3 ベストの時間でゆで上げる。

野菜によってゆで時間は違うので、毎回**自分の爪で確認します**。硬すぎではうまみが出ず、柔らかすぎでは食感も風味も台無し。爪を立てて、軽く抵抗がありつつ「スッと入る」柔らかさがベストタイミングです。これは微妙な感触がわかるプロのチェック方法なので、もし竹串チェックに慣れているならそれでもかまいません。

ゆでる前にスタンバイ

ゆで上げたらすぐに「ストップ急冷」ができるように、必要なものをすべてそろえてからゆで始めます。バットの下の氷水は、野菜のゆで加減を爪でチェックする前に、指を冷やすためにも使います。

1. 鍋にたっぷりのゆで湯を用意する
2. カットした野菜
3. バットの底をたっぷりの氷水にあてておく
4. 網杓子
5. 基本調味料（塩、白こしょう、E.V.オリーブ油）

4 「ストップ急冷」をする。

ここがいちばんのポイントです。ベストタイミングでゆで上げたら、**底に氷水をあてた金属製バットに並べ、即座に余熱が野菜に入っていくのをストップさせます**。水っぽくなるので、直接氷水には入れません。間接急冷することで、色、食感、風味が増し、おいしい時間も持続します。お弁当や作りおきにするとおいしさの持ちの違いは歴然です。

5 直後に調味する。

バットに野菜を取り出したら、**急冷しながらすぐに調味をします**。基本は塩、白こしょう、E.V.オリーブ油です。野菜に熱が残っているうちに調味するほうが、味がよくしみ込むのです。冷めてからでは中に味が入りません。

ゆで野菜にむく野菜

青もの野菜がゆで野菜むきです。根菜類なら、かぶ、にんじん、大根など。ゆでたら多くは急冷しますが、急冷がむかないものもあるので、右記を参考に。
また、ゆで野菜にむかないのは、きゅうり、なす、ズッキーニ、ピーマン、パプリカなど。

急冷する野菜

ブロッコリー、カリフラワー、ロマネスコ（カリフラワーの一種）、芽キャベツ、かぶ、グリーンアスパラガス、さやいんげん、スナップえんどう（以上は「ゆで野菜ミックス」で使用）、小松菜、さやえんどう、菜の花、オクラ、にんじん、大根など緑黄色野菜、根菜

急冷しない野菜

とうもろこし、枝豆、そら豆など豆類全般——自然に冷ます
グリーンピース——ゆで汁ごと冷ます
ほうれん草——冷水にさらす

野菜料理として主役にしたいゆで野菜の一皿です。おいしくゆでると色も香りも鮮やかで、何種類も取り合わせることでよりごちそう感が高まります。それぞれ一口大カットが基本ですが、アスパラガスやさやいんげんのように細長い野菜は、長さをそのまま生かしてください。

ゆで野菜ミックス

材料

野菜のセレクトと分量は好みでよい。

ブロッコリー、カリフラワー、
ロマネスコ（カリフラワーの一種）、
芽キャベツ、かぶ、
スティックセニョール（ブロッコリーと芥藍を掛け合わせた新野菜。別名、茎ブロッコリー）、
グリーンアスパラガス、さやいんげん、
スナップえんどう

ゆでるときの塩……湯の重量の1％（ブロッコリーの場合は0.5％）
塩、白こしょう、E.V.オリーブ油

・急冷用の氷水

代用するなら／ゆでておいしい野菜なら何でも。
特に用意する道具／網杓子。
食べ方／急冷したままの常温で。温製で食べたいときは電子レンジにかける。

1 ブロッコリーは花蕾を小房に分け、太い茎は皮をむいて厚さ1cmほどの輪切りにする。カリフラワー、ロマネスコは小房に切り分ける。芽キャベツは丸ごとゆでると時間がかかるので、縦2等分に切る。切り口ができると早くむらなくゆだる。かぶは縦12等分に切る。軸を1cmほどつけておいてもよい。

2 アスパラガスやさやいんげんなどの細長い野菜は、ゆで野菜の一皿にするときはダイナミックに長さをそのまま生かす。グリーンアスパラガスは、ハカマと皮を薄くむく。スティックセニョールは、軸の皮を薄くむく。さやいんげんはガクを切り落とす。スナップえんどうは筋を取る。

3 ゆで湯を沸かし、分量の塩を入れて溶かす（ブロッコリーは最初に少ない塩分でゆでるか、別鍋で）。「ストップ急冷」用のバットと氷水をセットする。

4 一度に大量の野菜を入れると湯温が急激に下がるので、湯面に写真くらいのスペースが残る程度に入れる。2、3種類ずつ、時間のかかりそうなものから時間差をつけて入れるとよい。入れてから数秒で再沸騰するくらいが適量。火加減は強火。

5 ゆで時間は、今回の野菜で2分弱から6分。柔らかさをみるときは、網杓子ですくい、爪を立ててスッと入るかどうかで確認する。熱いので火傷に注意して。触る前に指先を氷水で冷やすとやりやすい。

6 柔らかさを確認したら、底を氷水にあてた冷たいバットに手早く取り出して広げ、「ストップ急冷」をする。

7 すぐに塩、白こしょう、E.V.オリーブ油をふって混ぜながら冷やす。すべての野菜がそろったら、器に盛り合わせる。

「おいしくゆでる」理屈を押さえると
味は劇的に変わります。
この料理でそれを身につけてください。
いつでも生かせるテクニックです。

いろんな野菜で応用できるゆで野菜レシピ

p.27の「ゆで野菜ミックス」のゆで方で、いろいろな野菜を「ごちそうゆで野菜」にバージョンアップできます。さらに味つけを変えれば、いかようにもアレンジできます。ここでは、米酢を使ったゼリー、パルミジャーノチーズ、アンチョヴィでそれぞれ味をつけています。どれも応用がきくので、季節の野菜でぜひ。

いろいろゆで野菜と米酢ゼリーのカクテル

野菜の色はゆでることでいっそう鮮やかになり、ゼリー効果で見惚れる美しさに。米酢ゼリーはドレッシング風にかけるだけ。ほんのり甘みがあってさっぱりとして、ゆで野菜にぴったり。

材料 ●5〜6人分

かぶ……1個
紅くるり大根*……1/2本
ブロッコリーの
　太い茎……1本分
かぼちゃ……60g
大根……60g
にんじん……1/2本
紫にんじん……1/2本
ビーツ……1個
塩、白こしょう

米酢ゼリー（作り方p.65。
　先に作っておく）……適量

・急冷用の氷水

＊紅くるり大根は大根の新品種。小ぶりでずんぐりした形で、外皮も身も紅色。身は柔らか。

代用いろいろ／p.25「ゆで野菜にむく野菜」参照。
食べどき／ゼリーをかけたらすぐ。

作り方

1 野菜のすべてを1cm角に切る。

2 p.27の3〜5を参照して、塩分1％の湯でビーツ以外の野菜を柔らかくなるまで塩ゆでする。ビーツはゆで汁が赤くなり、ほかの野菜に色が移るので別鍋でゆでる。

3 ゆだったら水気をきり、氷水をあてたバットで「ストップ急冷」をし、塩、白こしょうをふり、混ぜながら冷やす（a）。

4 器に野菜を盛り、米酢ゼリーをかける。

★野菜は時間のかかるものから鍋に入れて、同時にゆで上げるのが理想。今回の野菜では、にんじんと紫にんじん→大根→かぼちゃ→ブロッコリーの太い茎→紅くるり大根→かぶの順に入れた。

小松菜パルミジャーノ

ゆで野菜にパルミジャーノチーズと生ハムを添えてうまみの要素を一段階高めました。小松菜はひげ根がついていれば、よく洗ってつけたまま調理します。おいしく食べられますし、盛りつけの姿も立派です。

材料 ●2〜4人分
- 小松菜……4株
- 生ハム……小6枚
- パルミジャーノチーズ（粉末）……適量
- 塩、白こしょう
- E.V.オリーブ油、黒こしょう

・急冷用の氷水

代用いろいろ／p.25「ゆで野菜にむく野菜」参照。

食べどき／作りたて。

作り方

1 塩分1％の湯を沸かし、小松菜の根元のみを湯に入れて、20秒ほどゆでる(**a**)。そのあと、全体を湯に沈め、さらに20秒ほどゆでる。

2 ザルにあけて水気をきる。すぐに底に氷水をあてたバットに広げて「ストップ急冷」をし、塩と白こしょうをふって混ぜながら冷やす(**b**)。

3 手で余分な水分を絞り、ペーパータオルで全体を拭く。

4 器に盛り、生ハムを散らし、パルミジャーノチーズをふる。E.V.オリーブ油と黒こしょうをふる。

ブロッコリーアンチョヴィ

にんにく風味のオイルにアンチョヴィを溶かして、ゆで野菜をあえます。アンチョヴィの強いうまみがきいたソースは、イタリア料理では定番の味。ソースが熱いうちに野菜とあえるのがポイントです。ブロッコリーだけでなく、どんな野菜もおいしくしてくれます。アンチョヴィは熱い油に入れるだけですぐに溶けるので、入れると同時に火を止め、余熱で油に溶かします。

材料 ●4〜5人分
- ブロッコリー……1株
- アンチョヴィのフィレ……10g
- にんにく（繊維に垂直に薄切り）……2かけ分
- 赤唐辛子……1本
- ピュアオリーブ油……20mℓ
- 塩、白こしょう
- E.V.オリーブ油

・急冷用の氷水

代用いろいろ／p.25「ゆで野菜にむく野菜」参照。

食べどき／作りたて。

作り方

1 ブロッコリーの花蕾を小房に分け、太い茎は皮をむいて厚さ2mmの輪切りにする。いっしょにして、塩分0.5％の湯で約2分半ゆでる。

2 ザルにあけて水気をきる。すぐに底に氷水をあてたバットに広げて「ストップ急冷」をし、塩と白こしょうをふって混ぜながら冷やす(**a**)。

3 フライパンにピュアオリーブ油、にんにく、赤唐辛子を入れて中火で熱し、香りを出す。にんにくが色づき始めたらアンチョヴィを加えて火を止める。余熱でアンチョヴィはすぐに溶けてソースになる。

4 2をボウルに移し、3を加えてよく混ぜ、E.V.オリーブ油をたらして器に盛る。

焼き野菜

焼いた香りでおいしさは別次元へ。
焼きとうもろこしと
ゆでとうもろこしの違いと同じ。

焼くことの意味は野菜に香ばしさをプラスすること。素材の風味を立てること。素材が本来もっている固有の香りに、「香ばしさ」という別の香りの要素を加えつつ、素材の香りを引き立てるのです。プロの料理人は、**なにより香りを意識します**。味の強弱やうまみ、塩気など、気を配ることはたくさんありますが、いちばんは香りです。料理は香りで食べるもの。逆に言えば、香り高い料理に強い塩分やうまみは必要ないのです。

焼き野菜の5原則

フライパンでしっとり香ばしく焼くためのポイントです。
野菜ごとのちょっとした切り方のこつ、道具の使い方、タイミングに注目です。

1 おいしい厚さに切る。

野菜ごとに適切な「厚さ」があります。厚すぎれば火入れに時間がかかり、また1個のボリュームに対する香ばしい焼き面の比率が少なくなり、香りの効果が出にくくなります。逆に薄すぎると、水分がとんでジューシー感に欠けたパサついた焼き野菜に。種類や太さなどによりますが、**1〜1.2cmの厚さは確保します。**

2 素材ごとに焼き分ける。

野菜の種類によって、生のまま焼くのがよいもの、下ゆでしてから焼くのがよいものがあります。また、多くはオイルをひいて焼きますが、なかにはオイルなしがよいものもあります。すべて一律ではなく、**野菜ごとに異なる「最適の焼き」**を目指します。

3 フライパンで焼く。

網焼きはさっぱりと焼ける印象がありますが、直火が強くあたりすぎるため、野菜から水分がとんでパサつきやすくなります。しかも表面がパサパサしたり焦げついたりしても、中まで火が入っていないこともあります。フライパンに適量のオイルをひいて焼くほうが**野菜の水分がこもって半ば蒸し焼き状になり、しっとりと焼き上がります。**

4 焼きたてを食べる。

香りは持続性がありません。焼き野菜は香りが命ですから、香りがピークに達している「焼きたて」を食べます。天ぷらの揚げたてが大事なのと同じです。

5 焼き上がりに塩をふる。

味つけは焼き上がりの間際にふる「あと塩」で、カラッと仕上げます。焼き始めにふると塩の作用で野菜から水分がしみ出し、水っぽい焼き上がりになってしまいます。

焼き野菜にむく野菜

葉もの野菜以外のたいていの野菜がおいしく焼けます。いも類にも相性のよい調理法です。火の入りやすさはそれぞれ異なるため、焼き方は野菜によって異なります。

下ゆでしてから焼く

かぼちゃ、ブロッコリー、れんこん、さつまいも、じゃがいも、大根、紅芯大根、にんじん、カリフラワー、さといも、そら豆、さやいんげんなど。
・そら豆、さやいんげんは完全にゆでる。いも類は約4分、その他は約2分半ゆでる。

生からオイルをひいて焼く

なす、パプリカ、ズッキーニ、セロリ、キャベツ、グリーンアスパラガス(太いものは下ゆでする)、かぶ、長ねぎなど。

生からノンオイルで焼く

しいたけ、玉ねぎ(輪切り)など。

焼き野菜を作るのに、むずかしいテクニックはいりません。焼肉店などでおいしく野菜を焼けずに残念な思いをしたこともあるかもしれませんが、それも今日まで。なんでもスライスでOK、炭火がいちばん、という意識を捨てて、素材ごとに最適な焼き方をします。誰でも香り高くて味わいの濃い主役級の焼き野菜プレートができます。

焼き野菜ミックス

材料と切り方

野菜のセレクトと分量は好みでよい。
各野菜が同量だとバランスがよい。

下ゆでしてから焼く野菜
- かぼちゃ……皮つきで厚さ1.2cmの扇形に切る
- ブロッコリー……小房に分ける
- さつまいも……皮つきの輪切り。厚さ1.2cm
- じゃがいも……新じゃがサイズを皮つきで2等分
- かぶ……皮つきのくし形切り。8等分
- 大根……皮つきの半月切り。厚さ1.2cm
- にんじん……皮つきの斜め切り、細身なら縦2等分。厚さ1.2cm

生のまま焼く野菜
- ズッキーニ……輪切り。厚さ1cm
- キャベツ……芯つきのくし形切り。厚さ2.5～3cm
- なす……縦に4等分
- パプリカ……縦2等分
- セロリ……長さ5cm

エシャロットヴィネガーまたは玉ねぎヴィネガー
　　（作り方 p.61）

塩

サラダ油、ピュアオリーブ油、E.V.オリーブ油など
　好みの油

特に用意する道具／網杓子、ゆでた野菜をのせて水気をきる網。
食べどき／焼きたてを盛りつけたらすぐ。
アレンジ／これだけたくさんの野菜をミックスしなくても、1種や2種でもおいしい（p.34～35参照）。

1 左記を参照して、すべての野菜を輪切り、くし形切り、2等分などシンプルな形に切る。複雑に切ると火入れがむずかしくなる。厚すぎず、薄すぎずの1～1.2cmがおいしい厚さ。皮のすぐ内側にうまみがあるので、皮つきがよい。

2 焼くだけでは火が入りにくい野菜は下ゆでする。沸騰湯に塩分1％（ブロッコリーは0.5％）になるよう塩を加え、野菜を入れてボコボコと表面が波打つ沸騰状態を保つ。野菜によるが、2分半から4分。完全に柔らかくすると、焼いたときに香ばしさがつきにくく、食感も頼りないものになってしまう。ゆでるのに時間のかかるものから入れて、ほぼ同時にゆで上げるのが効率的。

3 ゆでた野菜は網にあげて10～15分おき、表面の水分をとばす。水分が残ったまま焼くとベタついて、カラッと焼き上がらない。

4 フライパンに油を薄くひいて強火にかけ、軽く煙が上がるくらいに熱し、弱火～中火に落とす。野菜を並べ入れて焼く。油が多すぎると油でベタついた仕上がりになるので、焦げつかない程度に控えめに。

5 きつね色に焼き色がついたら裏返し、裏面も焼き色がつくまで焼く。色がつくまで焼いてこそ、香ばしさが出る。焼き上がったら塩をふり、器に盛る。

6 下ゆでする必要のない柔らかい「生のまま焼く野菜」は、直接オイル焼きにする。最初に油を薄くひいたフライパンを煙が上がるくらいまで熱したあと、弱火にして野菜を並べ、時間をかけて焼く。きつね色に焼き色をつけて香ばしさを出し、焼き上がりに塩をふる。5の器に盛り合わせる。

7 エシャロットヴィネガーまたは玉ねぎヴィネガーを一切れずつにのせる。

「ただ焼いただけなのに、
何でこんなにおいしいの？」って言われたら、
「そこには法則があるの」って言って謎めいてください。

最適な焼き方別、野菜焼き16種

手軽にできて、焼きたて最高！つけ合わせも、おつまみもエシャロットヴィネガーだけで完成します。

焼き野菜は単品で作って魚や肉料理のつけ合わせにするのもよいですし、数種を取り合わせて大皿オードヴルにしても食卓が華やぎます。複数を合わせるときは赤、白、緑、黄など彩り豊かに、また風味や食感の違いが出るように組み合わせます。味つけは、オールマイティなソース「エシャロットヴィネガー」を仕上げにふるだけです。「玉ねぎヴィネガー」でもOK。

● 生からオイル焼き

生でもおいしく食べられる野菜や、短時間ですぐに火が入る柔らかい野菜むきです。

作り方　各項のとおりにカットして、生のまま少しのオイルで焼き色がつくまで焼く。

焼きキャベツ
厚さ2.5～3cmのくし形に切り、内側にもしっかり火が入るように、ときどき切り口を押しつけながら焼く。

焼きパプリカ
縦2等分に切り、種子とワタを取り、弱火で時間をかけて焼く。

焼きなす
長さ4～5cmにして縦4等分にするか、厚さ1cmの輪切りにして焼く。

焼きセロリ
長さ5cmほどに切る。火のあたりにくい形なので、押しつけながら焼く。

焼きズッキーニ
厚さ1cmの輪切りにして焼く。

焼きグリーンアスパラガス
ハカマを取り、皮の硬いところをむく。火入れに時間がかかるため、蓋をして蒸し焼きにする。

● 生からノンオイル焼き

しいたけなどのきのこ類は、熱くしたフライパンでオイルをひかずに焼くと、きのこ独特の香りが立ちます。オイルをひくと香りがこもって、立ちにくくなります。

焼きしいたけ
作り方　傘を斜めに2つに切る。フライパンを煙が出るくらい熱くして、そこに水分が抜けないように切り口を押しつけて焼く。裏面も焼く。短時間で焼き上げる。

● 下ゆでしてからオイル焼き

焼くだけではなかなか火が通らない野菜は、下ゆでしてから焼きます。

作り方 以下の野菜は塩分1%（ブロッコリーは0.5%）の湯で塩ゆでして、柔らかくしてから、オイルを薄くひいて焼く。ポイントは各項参照。

焼きかぼちゃ
皮つきの扇形に切る。下ゆでして、芯を残さないように火を入れておく。

焼きじゃがいも
新じゃがサイズを皮つきで半割。大きいものは厚さ1.2cmに切る。下ゆでして、芯を残さないように火を入れてから焼く。

焼きブロッコリー
小房に分けて下ゆでする。焼くときは焦げないよう、弱火強の火加減で焼く。

焼きかぶ
皮つきのまま8等分のくし形切りに。下ゆでしてから焼く。

焼きれんこん
皮つきのまま厚さ1.2cmの輪切りにして、下ゆでする。大きなものなら2〜4等分に縦に切ってから1.2cmの厚さにカット。

焼き大根
皮つきのまま厚さ1.2cm強の半月形に切り、下ゆでしてから焼き、さらに2等分に切る。

焼きさつまいも
皮つきのまま厚さ1.2cmの輪切りにする。下ゆでして、芯を残さないように火を入れてから焼く。

焼きにんじん
厚さ1.2cmの斜め切りか、細身なら縦2等分に切って下ゆでし、焼く。食べやすい大きさにカットする。

どんな焼き野菜にも合う
万能エシャロットヴィネガー

みじん切りのエシャロットを赤ワインヴィネガーとE.V.オリーブ油であえたドレッシング。これを少量のせるだけで、単に焼いただけの野菜が確実にバージョンアップします。辛みがなく、爽やかなうまみを含んだエシャロットならではのおいしさ。焼き野菜はもちろん、どんな野菜料理にも合う万能調味料ですから、ぜひ常備して（作り方p.61）。

大根を厚く切ってボリューム感を出し、ステーキ仕立ての焼き野菜にしました。エシャロットヴィネガーとグリーン野菜やハーブを添えれば、焼き大根が温前菜になります。厚みとゆで時間を守れば、大根の最上級の味わいが生まれます。

大根ステーキ

> 大根ステーキはミディアムレアで。とろける柔らかさではなく、生の食感が残っていてこそ大根の味が引き出され、特有のにおいも感じません。

材料 ●2〜3人分

大根……長さ10cm
ゆでるときの塩……水の重量の1%
エシャロットヴィネガー、または玉ねぎヴィネガー
　　（作り方p.61）……約大さじ2
サラダ油……適量
セルフイユ（あれば）……少量
塩、白こしょう
E.V.オリーブ油

食べどき／焼きたてを盛りつけてすぐ。

作り方

1 大根を皮つきのまま、厚さ約1.7cmの輪切りにする（**a**）。
2 水に塩分1%になるよう塩を加えて大根を入れ、強火にかける。沸騰したら3分半から4分ゆでる（**b**）。串を刺したときに、少し力がいるが芯まで入る柔らかさがよい。
3 ザルにあけて湯をきり、焼くまで15分以上おいて水分を十分にきる（**c**）。
4 フライパンにサラダ油を薄くひいて中火にかけ、煙が出始めたら大根を入れる。焼き色がつくまで焼く。裏返しにして弱火にし、塩、白こしょうをふって同様に焼き色をつける（**d**）。
5 エシャロットヴィネガーをのせて皿に盛る。セルフイユを飾り、白こしょう、E.V.オリーブ油を少量かける。

にんじんステーキ

にんじんも、ステーキ仕立てにふさわしい野菜。細身のものなら縦2等分するとちょうどよい大きさのステーキらしい形になります。

材料 ●2人分

にんじん（細身）……1本
エシャロットヴィネガー（作り方p.61）、または玉ねぎヴィネガー
　　……大さじ1
サラダ油、塩、白こしょう、クミンシード

作り方

1 にんじんを皮つきのまま縦2等分にする。太いにんじんの場合は、縦に3〜4枚に切る。
2 鍋に塩分1%の塩水を作り、にんじんを入れ、強火にかける。沸騰してから5分ほどゆでる。ザルにあけて、10分ほど水分をきる。
3 フライパンに薄くサラダ油をひいて中火にかけ、煙が出始めたらにんじんを入れて、焼き色がつくまで焼く。裏返しにして弱火にし、塩、白こしょうをふって同様に焼き色をつける。
4 器に盛り、クミンシードをふってエシャロットヴィネガーをのせる。

シンプルクッキング

パイヤッソン

じゃがいもをせん切りにしてパンケーキ状に焼きます。たっぷりのバターを吸わせて、表面をカリッと焼いたじゃがいものおいしいこと。せん切りは極細でも太めでも、それぞれにおいしいのでお好みで。写真は太さ2〜3mmのやや太め。いものデンプンが接着剤の役割を果たすので、切ったあとは絶対に洗わないこと。そしてきれいな焼き色をつけるためにしっかりと水分を絞ってから焼きます。

材料 ●3〜4人分
じゃがいも(どんな品種でもよい)……400g(2〜3個)
玉ねぎ……150g(大½個)
バター(食塩不使用)……20g
ピュアオリーブ油……大さじ2
塩

道具／直径24cmくらいのフライパン。じゃがいもをやや小さめにまとめて厚みをもたせたほうが、ホクッとした内側とカリッとした表面の対比が出ておいしい。
食べどき／焼きたての熱いうちに。
アレンジ／せん切りのさつまいもやかぼちゃを少量混ぜても。

1 じゃがいもは皮をむき太さ2〜3mmのせん切りにする。スライサーを使っても包丁で切ってもよい。玉ねぎはみじん切りにする。

2 じゃがいもと玉ねぎをボウルに合わせ、塩小さじ1をふってよくもむ。

3 手で固く絞り、水分をきる。さらに1〜2回絞り直し、焼く直前にもう一度絞る。

4 フライパンにバターを入れて中火にかけ、溶け始めたらまんべんなく広げ、3を加えて弱火にする。

5 フライ返しで押さえて形を整える。ときどきフライパンを揺すりながら、弱火のままじっくりと焼く。

6 縁がつねにプクプクと泡立っているように、途中でピュアオリーブ油大さじ1を縁に回しかける。

7 きつね色に焼けたら裏返しにして、裏面も同様に焼き色がつくまで焼く。このときも、縁にピュアオリーブ油大さじ1を回しかける。取り出して切り分け、皿に盛る。

> パイヤッソンとは麦わらでできた玄関マットのこと。
> 弱火で時間をかけて麦わら色に焼いてください。
> じゃがいもにバターを吸わせると、
> ……残念ながらおいしくなります!

じゃがいもと鯛のトルティーノ

「パイヤッソン」(p.38)の変形で、魚の切り身をじゃがいものせん切りで包んで同様にカリッと焼き上げます。切りたてのじゃがいもを「強く強く絞って水分を抜く」、魚をきれいに包んだら「多めの油でゆっくりじっくり色をつけながら焼く」ことがポイント。じゃがいもはカリッですが、魚はしっとりしたおいしさです。

材料 ● 1～2人分

鯛(切り身)……50g×2切れ
じゃがいも(せん切り)……150g
ミント(葉)……3～4枚
レモンの皮(色のついた表皮のせん切り)……少量
塩、白こしょう、サラダ油

つけ合わせ／「トマトコンフィ」(作り方p.104)や「フルーツトマトのマリネ」(作り方p.86)が合う。
食べどき／焼きたての熱いうちに。
アレンジ／魚の風味付けにタプナード(作り方p.61)、塩レモン、タイム、ローズマリーなどを挟んでもおいしい。

作り方

1. 鯛の両面に、塩、白こしょうをふる。縦に切り目を入れて、ミントとレモンの皮を挟む(**a**)。
2. じゃがいもをボウルに入れ、塩をふってよく混ぜる。手で包んで固く絞り、水分をしっかり抜く。鯛の切り身を包み(**b**)、もう一度水分を絞って形を整える。
3. フライパンにサラダ油をひいて中火にかけ、2を焼く。フライパンを傾けるなどして油に深さを出し、じゃがいもがたっぷり油を吸えるようにする。
4. きつね色に色づいたら裏返し、全体を均一に焼く。フライパンの角の丸みを利用して、ぴったりつけるとよい色がつく(**c**)。

魚、貝、鶏肉や豚肉の角切りなど、
好きなものをじゃがいもで包んだり混ぜたりして焼いてください。
なんて料理上手なの！ と言われること間違いなし。

れんこんとえびのガレット

ガレットとは平たく焼いたもの。ここではれんこんのピュレを焼いています。ゆでて、すりおろすかフードプロセッサーで回すと粘りが出てまとまりやすく、粉を入れなくてすみます。みじん切りのれんこんを3分の1の比率で混ぜると、食感や風味の感じ方が変わってきますよ。もちろんほかの魚介や肉を混ぜても。

材料 ● 2人分

れんこん（皮つき）……150g
えび（むき身）……50g
ピュアオリーブ油……大さじ1
塩、白こしょう

野菜サラダ
- ミント（葉）、長ねぎ（せん切り）、紅芯大根（せん切り）
- E.V.オリーブ油、白ワインヴィネガー、塩、白こしょう

食べどき／焼きたての熱いうちに。
アレンジ／盛りつけ時に、サワークリームやフロマージュ・ブランなどを添えてもおいしい。

作り方

1. れんこんを2、3等分して、5分ほど塩分1%の湯で塩ゆでする（**a**）。
2. 粗熱をとり、皮つきのまますりおろす（**b**）。えびは背ワタを抜いて5mm角くらいに刻む。れんこんに混ぜて、塩、白こしょうをする。
3. フライパンにピュアオリーブ油をひいて中火にかける。れんこんをテーブルスプーンですくって、丸く整えながらおく（**c**）。大きさは好みで。
4. 焼き色がついたら裏返しにし、軽く押さえて形を整えて焼く。
5. 皿に盛り、野菜サラダの材料をあえてのせる。

片栗粉などのつなぎは不要。
れんこんの粘りを利用したピュレに
好みの具やスパイスを混ぜ、大きさも自由に焼く。
オリジナルの「myれんこんガレット」で遊んでみて。

野菜だけのポトフ

「アガペ」の深夜の人気メニュー。圧力鍋を利用して、オーダーを受けてからイチから作ります。だしは昆布と干ししいたけと野菜のうまみ。これだけでおいしいポトフができるんです。おいしい水を呼び水にして、短時間でいろんな野菜のエキスを引き出し、融合させたやさしい味わい。それが頑張りすぎている人の心をなごませ、回復させる、癒しの料理です。

材料 ●2人分

玉ねぎ……1/2個（60g）
にんじん……1/2本（90g）
かぶ……1個（70g）
大根（幅2cmの輪切り）……1切れ（70g）
セロリ……50g
白菜……1～2枚（55g）
キャベツ（芯つきのくし形切り）
　……厚さ3cm（120g）
じゃがいも……1個（70g）

昆布……5cm四方
干ししいたけ……1枚
ローリエ……1枚
塩……1.5g
水……200mℓ

E.V.オリーブ油
粗塩、マスタード

こんな野菜でも／材料表の野菜をすべてそろえなくてもよい。ほかにはズッキーニ、黄にんじん、紅芯大根などでもよく、彩りよく合わせる。
道具／圧力鍋。なければ、蓋のできる鍋で30分。その場合は3cmほどの深さに水を入れ、しっかり蓋をして煮る。汁が減るので、再度3cm深さの水を入れて同様に煮て、最終的に1cmほど煮汁が残る状態で終えるのが理想。
食べどき／作りたての熱いうちに。
食べ方／粗塩とマスタードで自分で好みで味つけを。

野菜の下準備

● にんじん、かぶ、大根は皮つきで使う。かぶは縦半分に切り、大根も輪切りにして縦半分にする。
● セロリは株の中心の黄色の柔らかい部分が向いている。外側の緑の部分は筋をむいて使う。
● じゃがいもは皮をむき、まるのまま調理する。切り分けると煮崩れる。
● 干ししいたけは水でもどさず、そのままにしておく。

1 材料表の玉ねぎから水までを圧力鍋に入れる。

2 強火にかけ、圧力がかかったら弱めの中火にして7分加熱して火を止める。そのまま自然冷却する。

3 自然に圧力が抜けたら（蓋から突き出た棒が落ちたら）、蓋を開ける。皿に盛り、E.V.オリーブ油を回しかける。粗塩とマスタードを添える。

使うのは植物性の素材だけ。
つい動物性のものを入れたくなるでしょ？
でも、ここでは封印。
あえて薄味にして、素材の味を探すくらいがいいのです。

たっぷりの白菜と少しのひき肉を、ミルフイユのように重ねて煮るだけ。おいしくなあれと願いながら。これが料理の七不思議。魔法の味。心をかけるということは、それだけ細やかな気配りができているんです。放っておけば、放っておかれただけの味になりますよ。白菜は、鍋に入りきらないくらいの量を強く押してかさを減らしながら詰めてください。

白菜と豚肉のミルフイユ

材料 ●3〜4人分

白菜……500g
合いびき肉……150〜200g
塩（ひき肉用）……1.2〜1.6g（ひき肉の0.8％）
白こしょう……適量
ベーコン（薄切り）……2枚
ローリエ……1枚
昆布……5cm四方
水（煮汁用）……ひたひたより少なめの量
塩（煮汁用）……水の重量の0.8％

黒こしょう

代用するなら／白菜の代わりに、キャベツ（小玉1個）でもおいしい。キャベツの場合、ひき肉は少し多めに。合いびき肉の代わりに豚ひき肉、鶏ひき肉でも。
道具／蓋のできる深鍋。直径20〜22cm。
食べどき／できたての熱いものでも、常温、冷やしたものでもオールマイティ。一度冷やしたものを温め直してもよい。
楽しみ方／鍋ごと食卓に出して取り分けても。温かいうちは崩れやすいので、切れ味のよい包丁で切る。

1 合いびき肉に塩と白こしょうを加え、練らずに、つかみながら混ぜる。

2 白菜の根元の厚い部分は半分にそぎ、長いものは半分に切る。ベーコンは幅2cmの短冊切りにする。

3 深鍋に白菜を2〜3枚敷き、その間にベーコンの1/4量を散らす。白菜の上にひき肉の1/4量をまんべんなく散らす。

4 これをくり返して4層にし、いちばん上にも白菜をかぶせる。手の平で強く押さえてかさを減らす。

5 ローリエと昆布をのせる。水に煮汁用の塩を加えて溶かし、これをひたひたより2cm下まで入れる。

6 強火にかけ、沸騰したらアクをすくう。弱火にして蓋をし、約15分煮る。

7 煮汁の量を確認し、1cmほどの煮汁が残っていれば蓋をして、まだ1cm以上あれば、蓋を取って煮つめながら15分煮る（トータルで30分は煮る）。器に盛りつけ、黒こしょうをふる。

あつあつもよいですが、鍋ごとしっかり冷ますと落ち着いた味に。

くたくたになるまでじっくり蒸し煮にします。
白菜のかさが減って、マイルドな味が出て、
お鍋いっぱいの量がペロリとおなかにおさまります。

魚料理や肉料理のつけ合わせの王道といえば、マッシュポテト。じゃがいもはどんな料理とも仲良くできてキャスティングしやすいつけ合わせです。ここでは調理法が少し違う2つのタイプを紹介します。ひとつは裏ごししてバターで仕上げる絹のようになめらかな、フランス風のこだわりピュレタイプ。もうひとつはざっくりとつぶしてにんにくの風味をまとわせ、オリーブ油でつなぐやんちゃなイタリアっ子的マッシュです。

マッシュポテト

なめらかマッシュポテト

つぶしマッシュポテト

なめらかマッシュポテト

材料 ●3〜4人分

じゃがいも（男爵）……300g
牛乳……50ml
生クリーム……50ml
バター（食塩不使用）……30g
塩、ナツメグ

特に用意する道具／裏ごし器。
食べどき／作りたて。

1. じゃがいもは皮をむき、2つに切ってから厚さ1cm強に切る。塩分1%の塩水に入れて強火にかけ、柔らかくなるまでゆでる。

2. 竹串がスッと入る柔らかさになったらザルにあけて湯を捨て、じゃがいもを鍋に戻す。火にかけて水分をとばして粉吹きいもにする。

3. 裏ごし器でこす。

4. 鍋に牛乳と生クリームを合わせて沸騰させ、ナツメグを入れる。じゃがいもを加え、混ぜ合わせながらなめらかなピュレにする。切り分けたバターと塩を加えて味をととのえる。

つぶしマッシュポテト

材料 ●3〜4人分

じゃがいも（男爵）……300g
にんにく（薄切り）……1かけ分
E.V.オリーブ油……大さじ1 2/3
ローズマリー……1枝
塩

アレンジ／ローズマリーの代わりにタイムでもよい。

1. じゃがいもは皮をむき、2つに切ってから厚さ1cm強に切る。塩分1%の塩水に入れて強火にかけ、柔らかくなるまでゆでる。

2. 竹串がスッと入る柔らかさになったらザルにあけて湯を捨て、じゃがいもを鍋に戻す。火にかけて水分をとばして粉吹きいもにする。スプーンや木べらなどでつぶす。

3. 別の鍋にE.V.オリーブ油とにんにくとローズマリーを入れて中火にかけ、香りを引き出す。ローズマリーを取り除き、じゃがいもを加えて混ぜ合わせ、塩で味をととのえる。

私のイメージするフランス風マッシュとイタリア風マッシュ。
料理は作る地域や国民性で発想が異なる
おもしろい世界です。
だから、どちらも甲乙つけがたい味！

生クリームソースを使ったオーブン焼きです。本来じゃがいもで作る料理を、さつまいもに置き換えました。さつまいもの甘みと生クリームとが抜群の相性で、日本人はじゃがいもよりもこのほうが好きだろうなと思います。ソースは生クリームと牛乳を合わせるだけだから、簡単で、しかもコクのある一品に。料理名のドフィノワーズは「ドフィネ（フランス南東部の地方名）風」の意味で、この地域の代表的な郷土料理です。

さつまいものドフィノワーズ

材料 ●4〜6人分

さつまいも……300g
にんにく……½かけ
牛乳……160g
生クリーム……160g
ナツメグ……少量
塩、白こしょう

代用するなら／さつまいもを本来のじゃがいもで。
特に用意する道具／グラタン皿などの耐熱皿（ここでは長径20cmを使用）。
オーブン／200℃に予熱。
食べどき／焼きたての熱いうちに。
アドバイス／肉料理のつけ合わせがポピュラーだが、オードヴルでも。
アレンジ／もっとコクをつけるなら、オーブンに入れるときに粉末のパルミジャーノチーズやグリュイエールチーズをかける。

1 さつまいもを厚さ7mm前後の輪切りにする。厚めに1cmでも、数mmの極薄でも、自由に。

2 グラタン皿ににんにくの切り口をすりつけてから、さつまいもを少しずつずらしながら並べる。極薄の場合は全体にばらして敷き詰めてもよい。

3 ボウルに牛乳と生クリームを合わせ、ナツメグ、塩小さじ½、白こしょうを加えて混ぜる。

4 さつまいもの上から注ぎ、さつまいもが水面より少し出ている状態にする。

5 強火にかけ、沸騰し始めたら中火にして3〜4分煮る。ふきこぼれないよう、火加減に注意。

6 予熱したオーブンに入れ、180℃で表面が色づくまで約15分焼く。

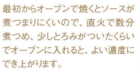

最初からオーブンで焼くとソースが煮つまりにくいので、直火で数分煮つめ、少しとろみがついたくらいでオーブンに入れると、よい濃度にでき上がります。

フランスで昔から親しまれてきたじゃがいも料理を
さつまいもで作ってみたら、もっとおいしくなりました。
たいがいの方には絶対にツボにはまる味。
これを作れば、あなたのお株が確実に上がりますよ。

かぼちゃのグラタン

かぼちゃは個体差がかなりあるのでおいしいものを使ってくださいね。特に水っぽいものは避けましょう。黄金色が濃く、持ったときにずっしと重いものを選んでください。ここでは焼いた香ばしさに加えて、スパイシーさや、ナッツとチーズのコクも入り混じった深みのある味わいに仕上げます。

材料 ● 5〜6人分

かぼちゃ（皮つき）……500g
ベーコン（短冊切り）……30g
にんにく（薄切り）……1かけ分

トッピング
　くるみ……20g
　アーモンド（スライス）……20g
　レーズン……20粒
　タイム、ローズマリー……各1枝
　ペコリーノチーズまたは
　　パルミジャーノチーズ（粉末）……15g
　グリュイエールチーズ（小片）……15g
　シナモンパウダー……少量
塩、白こしょう

特に用意する道具／グラタン皿などの耐熱皿。
オーブン／180℃に予熱する。
食べどき／焼きたて。

下準備
● くるみとアーモンドを160℃のオーブンで8分ローストする。
● かぼちゃは皮を縞にむき、厚さ3cmのくし形に切る。

作り方

1 天板にアルミ箔（上にもかぶせられる長さに切る）を敷き、かぼちゃを並べ、ベーコンを散らし、塩少量をふる。上にアルミ箔をかぶせてしっかり閉じ、170℃のオーブンで15分焼く（**a**）。ホクホクの食感に仕上げる。手で触れる温度まで冷ます。

2 耐熱皿ににんにくを散らし、かぼちゃをちぎりながら敷き詰める（**b**）。ベーコンものせる。

3 トッピングの材料をすべて散らし（**c**）、塩、白こしょうをふり、180℃のオーブンで15分焼く。

a　　　　　　b　　　　　　c

> この料理のいちばんのポイントは素材選び。値段の高いものではありませんよ。おいしいものです。

米なすのグラタン

あぁイタリア！ っていう感じ。どなたにも喜ばれる間違いのない味です。ここでは米なす1個分のスライスを積み重ねて米なすの形に仕上げましたが、たくさん作るときには、耐熱皿にランダムに広げて重ねるとよいでしょう。

材料 ●4人分

米なす……2個
トマトソース*（作り方p.156。市販品でもよい）
　……150g
*熱いと流れやすいので常温か冷たい状態で使う。
モッツァレラチーズ……150g
パルミジャーノチーズ（粉末）……適量
バジル（葉）……約10枚
薄力粉……適量
E.V.オリーブ油
塩、白こしょう

・揚げ油

代用するなら／どんななすでもよいが、米なす以外は果肉が柔らかいので厚さ1.5cmに厚めに切る。
特に用意する道具／グラタン皿などの耐熱皿。
オーブン／200℃に予熱する。
食べどき／焼きたて。
アレンジ／トマトソースをミートソースにかえ、チーズを多めにすると子どもも喜ぶおかずに。

作り方

1. 米なすは皮をむき、厚さ1cmに縦にスライスする（4枚とれればよい）。縦切りのほうがなすらしい食感を生かせる。
2. なすの両面に薄力粉をまぶして180℃の油で揚げる。表面がきつね色に色づき、水分が抜けて柔らかく火が入るまで揚げる。金網にとって塩をふり、油をきる（**a**）。
3. 耐熱皿になすを1枚置き、トマトソースを塗る（**b**）。モッツァレラチーズを厚さ2mmに切ってのせ、バジル、パルミジャーノチーズと白こしょうをふる。これをあと3回くり返して4層にする。E.V.オリーブ油をかける（**c**）。
4. 180℃のオーブンで10分焼く。

なすを揚げたあと、しっかりと塩味をつけてくださいね。
なすは味がのりにくいので、各工程できっちり味を
決めていかないと府抜けた味になります。

玉ねぎのコンフィ ＜レンジバージョン＞

玉ねぎの蒸し焼きは、まるごとオーブンで長時間かけて焼く方法がありますが、時間がかかるうえに、玉ねぎの芯の臭いがこもるのが難点。紹介するレンジバージョンは、短時間で、より甘く爽やかな味を実現してくれます。素材の性質を知り、電子レンジを的確に使えば俄然、威力を発揮してくれます。

材料 ●1〜2人分

玉ねぎ……1個
塩、粗塩、黒こしょう
E.V.オリーブ油

食べどき／できたての熱いうちがいちばんだが、冷えてもおいしい。
楽しみ方／オードヴル、料理のつけ合わせに。
アレンジ／塩昆布をプラスしたり、柚子やすだちなどの香りをプラスしてもおいしい。

作り方

1 玉ねぎを皮つきのまま水洗いし、縦半分に切る。切り口に塩をふって、1個ずつラップで包む（a）。
2 電子レンジ（600w）に8分かける。
3 ラップをはずし、皿に盛ってE.V.オリーブ油をかけ、粗塩と黒こしょうをふる。

a

きのこのブレゼ

きのこは1種類ではなく、味の深みを出すために3種以上を混ぜてくださいね。調味は塩だけ。少量の水を入れて沸かしてきのこの水分を呼び出すと、それがそのままマリネ液になります。夏なら冷やしてじゅんさいや木の芽をのせて清涼感たっぷりに。冬ならかに肉や肉団子をいっしょに入れてあつあつを。

材料 ●2〜3人分

しいたけ、マッシュルーム、しめじ、
まいたけ、えのきたけ
　……各½パック
塩、なたね油
セージなどのハーブ、とんぶり
　……適量
・急冷用の氷水

食べ方／温かくても冷やしても。
保存／冷蔵庫で2〜3日。
アレンジ／ベーコンやにんにくを炒めてからきのこを加えるとコクと風味が増す。

作り方

1 きのこはすべて石突きを取る。しいたけとマッシュルームは十字に切り、しめじとまいたけはほぐす。えのきたけは3等分に切る。
2 鍋にきのこをすべて入れ、塩少量と水大さじ3を入れて蓋をし、中火にかける。沸騰してきのこから水分が出てきたら再び蓋をして3分蒸し煮にする。
3 底に氷水をあてたバットに移し、「ストップ急冷」をする。
4 器に盛り、なたね油を回しかけてとんぶり、セージを添える。

3章

いつでもサラダ

これは野菜の生気をいただく料理。
フレッシュでみずみずしい
爽やかなハーモニーを目指します。

グリーンサラダ

グリーンサラダは70%が緑の空気。
葉と葉の間に空間を作るのがポイント。

葉もの野菜を主体にした生野菜サラダの基本です。コツも工夫も必要ないように見えますが、シンプル調理のなかに、ぐんと野菜がおいしくなるコツがあります。

グリーンサラダの基本

1 材料選び

1種類の葉もの野菜でもグリーンサラダになりますが、**5、6種類を混ぜる**ほうが、味、食感、彩りともに変化が出て、見た目もおいしさもグレードアップします。配合はほぼ同量ずつを目安に。

捨てがちな硬い芯も利用します。縦に薄く切って混ぜると食感のアクセントになりますし、白い芯のスライスなら、ちょっと加わるだけでサラダの表情を明るくしてくれます。

2 下準備

氷入りの冷水に浸すと、水分を吸ってシャキッとします。ただ、氷が多く冷たすぎると、葉が凍傷にかかったように組織が壊れることも。ほどよい冷たさが肝心です。

野菜が**「のびのびと手を伸ばせる」ようにたっぷりの水に**入れて、10分以上吸わせることも大事。そのあと、調味料がのりやすいように、表面の水をしっかりきります。

3 味つけと香りづけ

味をつけてから時間がたつと野菜から水分が出てへたってしまい、ふわりと盛りつけられません。味のバランスも崩れ、レモンの香りもとんでしまいます。だから**味つけは食べる直前に**、が原則です。ちなみに**レモンを搾るときは皮を下に向けて**ください。香り成分は表皮にあるので、上向きで搾ると香りが手につくだけです。

4 盛りつけ

グリーンサラダは「70%を緑の空気に」の意識で作ってください。爽やかなグリーンの空気とともに食べる、それでこそ、おいしいのです。調味料であえるときも、器に盛るときも、葉と葉の間に**空気をはさむように**意識します。**フワッと混ぜ、フワッと盛る**。葉がペタッとくっついていてはグリーンサラダではありません。それはグリーン漬けものかな。

グリーンサラダ
シェフ風

基本のグリーンサラダ＋うまみ素材

ポイントを押さえれば、
精気ほとばしるすがすがしい味に。
じかに味つけをするので
ちゃちゃっとできて、
ドレッシング作りも必要なし。

基本のグリーンサラダ
＋香り素材

基本のグリーンサラダ＋食感素材

基本のグリーンサラダ

材料は、葉もの野菜と基本調味料のみ!
これをマスターしたら、トッピングを加えて、季節や気分に合わせて、発展形は自由自在です。

材料 ●

葉もの野菜
  サニーレタス、ベビーリーフ、ルーコラ、
  エンダイブ、トレヴィス、わさび菜など
    ……ほぼ同量ずつ

E.V.オリーブ油
白ワインヴィネガー、または
  レモン汁（無農薬レモンをその場で搾る）
    ……「オリーブ油」と「ヴィネガー+レモン汁（もしくはどちらか一方）」を4：1くらいの比率で使う
塩、白こしょう

・たっぷりの氷水

特に用意する道具／野菜水きり器。
食べどき／作りたてをすぐに。
塩／粒のサイズはお好みで。粒子の細かい塩は味がのりやすく、粒塩は噛んだ瞬間のガリッとした食感と強い塩味がアクセントになり、それぞれにおいしい。

1 葉もの野菜を手でちぎる。大きさは好みでよいが、レストランでは一口で食べやすい3cm大。硬い芯はナイフで薄切りにする。トレヴィスなどの白い芯も縦に薄切りにする。緑色の葉のなかで白色が映えてハイライト効果に。

2 1をたっぷりの氷水に入れ、10分くらい浸す。

3 水きり器でしっかり水分をきる。水きり器がなければ布巾やペーパータオルでしっかりふき取る。またはタオルに包んで、てるてる坊主のようにして持ち、シンクの中でバシッと振って遠心力で水をきってもよい。

4 サラダボウルに野菜をふわりと入れる。（ここからは食卓上でもよい。）白ワインヴィネガー、レモン汁を加えてふわりと混ぜる。

5 E.V.オリーブ油を加え、塩、白こしょうをふり、葉の間に空気を含ませるようにふわりと混ぜる。

6 盛りつけも空気を含ませながらふわりと盛る。

食べるまでに時間をおくなら

ふつうは、酢→油→塩の順にかけて混ぜますが、食べるまでに時間がかかりそうだったら、油→酢→塩の順にします。最初に油であえて葉の表面に油膜を作ると塩が浸透しにくく、わずかですが水っぽくなるのを抑えられます。

レストランのサラダがおいしいのは、いろいろな食材が組み合わさって複雑になっていることもひとつ。たとえば、根菜のコリコリするスライスを加えて食感に変化をつける、ハーブ、スパイス、柑橘の皮で香りをまとわせる、チーズや肉・水産加工品でうまみの要素を補う——アレンジの方法はたくさんあります。ひとつに絞らず、いくつかの要素を組み合わせるとさらに風味が複雑になり、確実においしさが深まります。もちろん、使いすぎれば逆効果。時折ふっと、硬さ、香り、うまみに出合うくらいの加減が大切です。あるものをうまく使って、やってみて！

味も香りも、複雑になるほどおいしくなるから相性のよい副素材をプラスします。これでぐっと満足度アップ。

● 食感をプラス
基本のグリーンサラダ ＋食感素材

噛んだときに歯切れがよく、香りのある野菜を。存在感が大きくなりすぎないように、薄く小さく切って加えます。白や赤、黄など緑色以外のものは彩りの効果も。クルトンは市販品でもよいですが、食パンで簡単に手作りできます。適当な大きさに手でちぎってから、オリーブ油と塩をふり、きつね色にトーストすればでき上がり。

食感素材
(例) にんじん、大根、かぶ、きゅうり、セロリ、フェンネル、紅芯大根、赤玉ねぎ、カラーにんじん、食パンのクルトン

●香りをプラス
基本のグリーンサラダ＋香り素材

ハーブ、スパイス、柑橘の皮が効果的。ハーブは柔らかくて爽やかな香りのフレッシュハーブを。スパイスは粒をそのまま、あるいは粗く砕いて加えてください。粒を噛んだときに香りがはじける、その瞬間の効果を狙います。柑橘は果汁も使えますが、香り成分があるのは皮。レモンやオレンジ、柚子、すだちなどの表皮を薄くむき、口に残らないよう細いせん切りにして使います。

香り素材
（例）フレッシュのディル、ミント、バジル、パセリ、セルフイユ、セージ、タイム、オレガノ、白粒こしょう、黒粒こしょう、粒のピンクペッパー、コリアンダーシード、レモンの皮、オレンジの皮

●うまみをプラス
基本のグリーンサラダ＋旨み素材

ハムやチーズが定番ですが、いろいろ取り合わせると新鮮味がでます。生ハムを使ったり、パルミジャーノチーズを薄切りにして使ったり。オレンジ色のミモレットチーズは色も鮮やかですし、やさしい味がグリーンサラダにはぴったりです。このほか、しらす干しや海苔、わかめなどの和素材で和風グリーンサラダにするのもおすすめです。ナッツはうまみだけでなく、香りも食感も備えた便利素材。

旨み素材
（例）よくソテーしたカリカリベーコン、生ハム、パルミジャーノチーズ、ゴルゴンゾーラチーズ、しらす干し、海苔、わかめ、固ゆで玉子の黄身の裏ごし、くるみ、アーモンド

サラダのソース

イタリア式ドレッシング

材料 ●分量は割合をもとに好みで

E.V.オリーブ油
白ワインヴィネガーまたはレモン汁（両方を合わせてもよい）
塩、白こしょう

使い方

器に盛り合わせた葉もの野菜に、じかに次の順で調味料をかける。
白ワインヴィネガーまたはレモン汁を回しかけてあえる。
白ワインヴィネガーのおよそ4倍量（目分量）のE.V.オリーブ油を回しかけてあえる。
塩少量をふり、白こしょう少量をひいてあえる。
ざっくりと混ぜてすぐに盛り皿へ。

食べるときにじかに
調味料をかけて混ぜるだけ。
イタリア式ドレッシングのすすめ。

調味料を野菜にじかにかけるこのスタイルは、ヴィネガーと油がそれぞれに舌を刺激するので、その分、味わいが複雑に。また、食べる直前にかけるのが基本なので、野菜から水分が抜けてへたることなく、シャキッとしたみずみずしさをそっくり味わえます。油もヴィネガーも柑橘も、種類や分量は自由。食べて足りない味があれば、また加える。そんな気楽さもおすすめの理由です。

　日本で通常「イタリアンドレッシング」と呼ばれているのは、玉ねぎやピーマンなどのみじん切り野菜やドライハーブが入ったもの。聞くところによれば、この製法は北アメリカ発祥だそうで、実際イタリアにはこうしたドレッシングはありません。もともと調味料を混ぜてドレッシングを作るという概念がなく、食べる人が個々に、自由に、調味料をかけて混ぜるのが「イタリア式」。レストランでも食卓には基本の油、ヴィネガー、塩、こしょうが置かれ、客が自分で調味をするのが一般的です。

イタリア式ドレッシングを作りおきするなら

数回分のドレッシングをまとめて作りたいときは、ボウルですべての材料をかき混ぜて乳化させたあと、容器に入れて冷蔵保管します。時間とともに分離するので、食べるときには容器をふるなどして軽く混ぜ合わせて使います。

材料 ●

上記と共通

作り方

1 ボウルに塩、白こしょうを入れ、白ワインヴィネガーまたはレモン汁を加えて泡立て器で混ぜる。
2 E.V.オリーブ油を細くたらしながら泡立て器でかき混ぜ、乳化させる。

これがあればいつでもサラダに！ 万能サラダソース

野菜をたっぷり食べたいなら、ぜひ常備を！ 幅広く使えて、サラダ作りがとても楽になります。

エシャロットヴィネガー

フランス料理では、ソースなどの旨み作りのベースとしてよく使われるエシャロット。どんなサラダにも肉料理にも合います。

材料 ●作りやすい分量

エシャロット（みじん切り） ……50g
赤ワインヴィネガー ……2mℓ
E.V.オリーブ油 ……浸かる量
塩 ……1g

日持ち／油を加えて完全に覆って冷蔵庫で約10日間。

作り方

エシャロットに塩をふり、赤ワインヴィネガー、E.V.オリーブ油を加えて混ぜる。冷蔵庫で15分ほどおいて味をなじませる。

玉ねぎヴィネガー

玉ねぎをできるだけ細かなみじん切りにするのがポイント。口当たりがよく、辛みも感じにくくなります。

材料 ●作りやすい分量

玉ねぎ（みじん切り） ……60g
赤ワインヴィネガー ……3mℓ
E.V.オリーブ油 ……20g
塩 ……2g

玉ねぎ／辛みの少ない内側の鱗葉を使う。

日持ち／油を加えて完全に覆って冷蔵庫で約10日間。

作り方

玉ねぎに塩をふり、赤ワインヴィネガーとE.V.オリーブ油を加えてよく混ぜる。冷蔵庫で1時間以上おいてなじませ、辛みを抑える。

マイルドマヨネーズ

マヨネーズに加える生クリーム、はちみつ、マスタードのバランスが絶妙。いつものマヨネーズがエレガントなお店の味に。

材料 ●作りやすい分量

マヨネーズ ……35g
シェリーヴィネガー ……1.5mℓ
粒マスタード ……10g
生クリーム ……10g
はちみつ ……5g

日持ち／冷蔵保存で約1週間。

作り方

材料をすべてボウルに入れ、むらなく混ぜる。

タプナード

南仏生まれの野菜調味料。ブルスケッタに仕立てたり、魚料理、肉料理のワンポイントソースにしたりできます。

材料 ●作りやすい分量

黒オリーブ（塩水漬けの瓶詰） ……100g
アンチョヴィのフィレ ……10g
松の実 ……10g
にんにく（すりおろし） ……少量
E.V.オリーブ油 ……材料が浸る量

日持ち／油を加えて完全に覆って冷蔵庫で約1か月。

作り方

黒オリーブ、アンチョヴィ、松の実を細かく刻み、全材料を混ぜ合わせる。

● **アレンジ**

刻んだハーブを加える。ヴィネガーを加える。加熱して細かく刻んだきのこを加えるなど。

はちみつレモンドレッシング

はちみつの甘みと、マスタードの辛みを加えたドレッシング。甘辛のバランスがよく、どんなサラダにも合います。

材料 ●作りやすい分量

E.V.オリーブ油 ……40g
レモン汁 ……10g
はちみつ ……10g
フレンチマスタード ……10g
塩、白こしょう

日持ち／冷蔵保存で約1か月。

作り方

ボウルにレモン汁とはちみつ、マスタードを入れてよく混ぜ、塩、白こしょうを加える。E.V.オリーブ油を細くたらしながら混ぜる。

野菜がソースになる 1
野菜でピュレ・ドレッシング

ドレッシングは調味料だけで作るものではありません。野菜を主役にすることもできます。野菜に調味料を加えてミキサーにかければ、野菜の風味が生き生きとした軽やかなピュレ・ドレッシングに。ヴィネガーの分量を少なくすれば、魚料理や肉料理のソースにもできるレシピです。好みの野菜を1種類ずつ使って、いろいろな色や味を楽しみましょう。グリーンサラダはもちろん、ゆで野菜などのシンプルな味の野菜料理にもどうぞ。

★調味料について
レシピは、野菜と相性のよい調味料を組み合わせました。しかし、これが絶対ではないので、自由に量を加減したり、種類を変えるなどして自分なりのレシピを作ってください。酸味はヴィネガーの代わりにレモン汁でもよいし、油はサラダ油でも十分です。E.V. オリーブ油は味のマイルドなものを使ってください。水は浄水器を通したものか、ミネラルウォーターを。甘みがほしいときはグラニュー糖やはちみつで補ってもよいです。

★日持ち
冷蔵庫で約10日間。緑色の野菜（小松菜など）は変色しやすいので、早めに使いきります。保管中に分離してくるので、使うたびに撹拌します。

小松菜ドレッシング
トマトドレッシング
くるみドレッシング
玉ねぎドレッシング
きゅうりドレッシング
パプリカドレッシング
セロリドレッシング

にんじんドレッシング

にんじんは栄養価が高く、風味も色もよいのでどんなサラダにも使えるドレッシングになります。皮つきで作ったほうが、甘み、うまみが生きます。

材料 ●仕上がり量250ml

にんじん(皮つき)……100g
赤ワインヴィネガー……大さじ1
E.V.オリーブ油……50g
グラニュー糖、またははちみつ(好みで)
　……適量
水……90ml
ミント、バジル(あれば)……各少量
塩……4.5g
白こしょう

ピュレ・ドレッシングの共通の作り方

1. 野菜はそれぞれざく切りや薄切りにする。トマト、くるみ、パプリカは皮つきのままでよい。
2. 材料をすべてミキサーに入れ、なめらかなピュレ状になるまで回す(**a**)。甘みをたしたければグラニュー糖かはちみつを適量加える。
3. 容器に移し、冷蔵庫で保管する。

小松菜ドレッシング

蒸し鶏、ゆで豚、サーモン、えびなどに生野菜が入った前菜に。

材料

小松菜……70g
白ワインヴィネガー……8ml
E.V.オリーブ油……40g
水……65ml
塩……2.5g
※作り方は左記参照。

トマトドレッシング

アスパラガスのサラダに。

材料

トマト……100g
フレンチマスタード……7g
白ワインヴィネガー……6ml
E.V.オリーブ油……43g
塩……3.5g
※作り方は左記参照。

くるみドレッシング

ゆで鶏、ゆで豚を使ったサラダに。

材料

くるみ(無塩。生)……40g
赤ワインヴィネガー……14ml
なたね油*……20g
牛乳……85ml
塩……3g
※作り方は左記参照。

*なたね油のほか、ナッツ系のくるみ油、ピーナッツ油も相性がよい。

玉ねぎドレッシング

各種サラダ、ゆでじゃがいもに。

材料

玉ねぎ*……80g
白ワインヴィネガー……小さじ2
E.V.オリーブ油……30g
塩……2g
白こしょう
※作り方は左記参照。

*玉ねぎは辛みの強い外側2枚を避けて、内側を使う。作って時間をおいたほうが辛みが落ち着き、また食材とともに味わうと辛みの感じ方が減る。

きゅうりドレッシング

蒸し鶏、ゆで豚、サーモン、えびなどに生野菜が入った前菜に。

材料

きゅうり……70g
白ワインヴィネガー……8ml
E.V.オリーブ油……28g
塩……2g
ミント(あれば)……少量
※作り方は左記参照。

パプリカドレッシング

えび、かにを使ったサラダに。

材料

パプリカ(赤)……50g
赤ワインヴィネガー……大さじ1
E.V.オリーブ油……42g
塩……2g
グラニュー糖……4g
※作り方は左記参照。

セロリドレッシング

各種サラダ、魚のカルパッチョに。

材料

セロリ……60g
白ワインヴィネガー……大さじ1 1/3
E.V.オリーブ油……50g
水……大さじ2
塩……2.8g
※作り方は左記参照。

野菜がソースになる 2
ケチャップも ウスターソースも 野菜で手作り

ふだん、何気なく使っているトマトケチャップやウスターソース。実はこれ、野菜が主体の混合調味料です。トマトケチャップはトマトを主体にスパイスやはちみつを、ウスターソースは香味野菜にりんご、スパイス、酢、はちみつなどを配合して、よく煮込んで味を凝縮させたものです。手作りすると、驚くほどにフルーティで爽やか。野菜のソースであることがうなずけます。野菜をマスターするなら、調味料作りにも挑戦しましょう。

トマトケチャップ

市販品のトマトケチャップは味が濃いめですが、このレシピは"甘みのあるトマトソース"といったやさしい味わい。主張しすぎず、合わせた料理を引き立てます。生のトマトを使ってこそフレッシュ感あふれるケチャップになります。

材料 ●仕上がり量約650mℓ
- トマト……750g（5個）
- 玉ねぎ……400g
- しょうが……15g
- クローヴ……2本
- シナモン（パウダー）……少量
- はちみつ……40～50g
- 塩……8～10g
- サラダ油……大さじ3

・急冷用の氷水

日持ち／冷蔵保存で約2週間。

作り方
1. トマトは皮と種子をつけたまま粗みじん切りにする。玉ねぎとしょうがはみじん切りにする。
2. 玉ねぎ、しょうが、クローヴ、シナモンを多めのサラダ油で炒める。弱火で20分ほどかけて香りを出す。
3. トマトを加え、強火にして沸騰させる。アクを取って弱めの中火にし、20～30分（トマトによる）煮る。途中、焦げつかないよう混ぜる。はちみつと塩を加えて5分煮る。
4. クローヴを除き、ミキサーにかける。鍋に戻し、鍋底に氷水をあてて「ストップ急冷」をする。

ウスターソース

野菜やスパイス、調味料をたくさん使いますが、どれも簡単に手に入る材料ばかり。取り合わせて煮つめると、あの独特な深みのある味ができてきます。

材料 ●仕上がり量約600mℓ
- 玉ねぎ……3個
- にんじん……1本
- セロリ……1本
- にんにく……3かけ
- しょうが……20g
- りんご……3個
- 煮干し……5本
- 昆布……5cm四方
- 水……ひたひたの量

・急冷用の氷水

スパイス
- ナツメグ（パウダー）……耳かき2杯くらい
- シナモン（パウダー）……小さじ1/8弱
- コリアンダー（パウダー）……小さじ1/8弱
- クミンシード……小さじ1/8
- オレガノ（ドライ）……小さじ1/8

調味料
- 米酢……70mℓ
- バルサミコ酢……30mℓ
- はちみつ……40g
- グラニュー糖……20g
- しょうゆ……120mℓ
- 塩……小さじ1弱

日持ち／冷蔵保存で約3か月。

作り方
1. 材料表の玉ねぎ～りんごの6種類をすべて薄切りにする。
2. 1を鍋に入れて、煮干し、昆布を加え、ひたひたの量の水を加える。強火にかけて沸騰させ、アクを取る。
3. スパイスをすべて加え、弱火にして40分煮出す。
4. 調味料をすべて加え、5分煮出す。
5. こし器で強く押し出しながらこす。鍋に戻し、味をみながら約半量まで煮詰める。
6. 鍋底に氷水をあてて「ストップ急冷」をする。

シンプルゼリーソース
サラダに、スープに きらきらとろりの 新鮮ハーモニー

フランス料理やイタリア料理で「ゼリー」といえば、通常「コンソメゼリー」を指します。牛の骨やすね肉などを煮出し固めた旨みの濃いものです。しかし、サラダやスープのサブ材料に使うなら、強いコクは必要ありません。そこでおすすめするのがこの3つのゼリー。なめらかな口当たりと、ほんのり香る風味で、十分ゼリーとしての役目をはたします。固まるまで時間がかかるので早めに作って冷蔵庫へ。

米酢ゼリー

甘みをほんのりきかせた米酢ゼリー。酸味ベースなので、サラダにぴったりの味。ドレッシング代わりにかけると、きらきら輝いて美しく、とろける口当たりも新鮮です。

材料

水……250ml
米酢……30ml
塩……3g
グラニュー糖……2.5g
板ゼラチン……4g

・急冷用の氷水

作り方

1 板ゼラチンを冷水に浸してふやかす。
2 分量の水を沸かして米酢、塩、グラニュー糖を入れて溶かす。
3 火を止め、ふやけたゼラチンを水気をきって加えて溶かす。
4 こし器でこしてボウルに移し、底に氷水をあてて混ぜながら急冷する。粗熱がとれたら冷蔵庫で冷やし固める。

水ゼリー

水ゼリーといっても、スープくらいの薄い塩味のついたゼリーです。濃厚な野菜の冷製スープに合わせると、不思議に水のおいしさを感じてほっとする味に。

材料

水……200ml
塩……2g
板ゼラチン……3g

・急冷用の氷水

作り方

1 板ゼラチンを冷水に浸してふやかす。
2 小鍋に分量の水を沸かし、塩を加えてスープ程度の塩味にする。
3 火を止め、ふやけたゼラチンを水気をきって加えて溶かす。
4 こし器でこしてボウルに移し、底に氷水をあてて混ぜながら急冷する。粗熱がとれたら冷蔵庫で冷やし固める。

一番だしゼリー

昆布とかつお節で作る一番だしゼリー。うまみ成分を使っているだけあり、コンソメゼリーに似た味わいです。濃厚な野菜スープのほか、サラダにもむいています。

材料

水……200ml
昆布……5cm四方
かつお節(削り)……12g
塩……1.6g
板ゼラチン……3g

・急冷用の氷水

作り方

1 板ゼラチンを冷水に浸してふやかす。
2 小鍋に分量の水と昆布、塩を入れて強火にかける。沸騰して2分たったら、かつお節を入れて火を止める。
3 ふやけたゼラチンを入れて溶かす。
4 こし器でこしてボウルに移し、底に氷水をあてて混ぜながら急冷する。粗熱がとれたら冷蔵庫で冷やし固める。

畑からもいできたばかりの野菜をザクザク切り、塩と油と酢をかけてパッパッとあえる——そんなイメージの生野菜サラダです。「ワイルド」がキーワードだから、野菜の種類も、切り方も、あえ方も、味つけも大胆に。こしょうも、白より辛みの強い黒のほうが似合います。バーベキューだったらその場で香ばしく焼いた牛肉をザクザクと切って散らせば、完璧!

サラダ・ペイザンヌ

材料 ●4〜6人分
パプリカ（赤、黄）……各1/3個
にんじん……1/3本
カラーにんじん（赤、黄）……各1/2本
セロリ（あれば葉も）……1/2本
きゅうり……1/2本
大根（長さ4cmを縦に4等分）……1切れ
ズッキーニ（黄・緑）……各1/3本
ラディッシュ……2〜3個
かぶ……1個
フェンネル……1/4株
ミニトマト……6個
ルーコラ……適量
バジル（ミントを加えてもよい）……適量
にんにく……1/2かけ
ヴィネガー（好みの酢でよい）
E.V.オリーブ油（ほかの好みの油でもよい）
塩、黒こしょう

・野菜を浸す氷水

野菜／生食できるものを同じ体積比を目安に組み合わせる。そのときの旬の野菜を気楽に取り合わせて。
食べどき／作ってすぐに。

1 野菜をそれぞれ厚さ2〜3mmに切る。斜め切り、縦、横、輪切りなど自由に。ルーコラ、バジル、セロリの葉は氷水に浸してパリッとさせる。

2 ボウルににんにくの切り口をすりつけ、風味をつける。

3 ルーコラ、バジル、セロリの葉以外の野菜をボウルに入れて塩、黒こしょうをふり、よく混ぜる。

4 ルーコラ、ヴィネガー、E.V.オリーブ油を加えてよく混ぜる。

5 皿にざっくりと盛り、バジルとセロリの葉を散らす。

キャンプで、ガーデンランチで。
お天道さまの下ではこんな生野菜サラダがぴったり。
細かいことを気にせず、ワイルドに作ることです。

ほんのりした苦みとシャキッとした歯ごたえが心地よいアンディーヴ。青かびチーズのゴルゴンゾーラやくるみとはベストマッチの組み合わせです。そこにフェンネルとトマトで爽やかさを、鶏のしっとりしたゆで肉でご馳走感をプラスしたのがこのサラダ。ソースはマヨネーズにはちみつや生クリームなどを加えたマイルドな味わいで、クリスマスなどおもてなしの食卓を想定したちょっとリッチな一品です。

アンディーヴと若鶏のサラダ

材料 ●4人分

アンディーヴ（チコリ。白、赤）……各1個
フェンネル……1/4株
ミニトマト……5個
くるみ（半割り）……15個分
ゴルゴンゾーラチーズ……30g
ハーブ（セルフイユ、ディル）……各適量
若鶏胸肉（使う1時間ほど前に冷蔵庫から出して室温にする）……1枚
E.V.オリーブ油、白こしょう
塩

・急冷用の氷水＋野菜を浸す氷水

マイルドマヨネーズの材料 ●作りやすい分量

マヨネーズ……35g
シェリーヴィネガー……1.5mℓ
粒マスタード……10g
生クリーム……10g
はちみつ……5g

食べどき／ゆでた鶏肉は保存できるが、サラダは盛りつけたらすぐに食べる。
マイルドマヨネーズ／野菜、魚、肉を問わず、いろいろな料理に合う。

1 鍋に塩分2％の塩水を作って沸かし、鶏肉を入れてすぐに火を止める。蓋をして10分おいたのち、蓋を取り、鍋底に氷水をあてて常温まで下げる。

2 アンディーヴを1枚1枚の葉にばらし、根元を切り落として縦に2～3等分する。フェンネルは縦に薄切りにする。それぞれ氷水に入れてシャキッとさせてから水をきる。ミニトマトを半割にする。くるみは150℃のオーブンで薄く色づくまで15～20分ローストする。

3 マイルドマヨネーズの材料をすべてボウルに入れてよく混ぜる。

4 皿にアンディーヴとフェンネルを適量並べ、マイルドマヨネーズをかける。鶏肉を薄く切ってのせる。残りのアンディーヴとフェンネル、くるみ、ミニトマト、ハーブを彩りよく散らし、ゴルゴンゾーラチーズをちぎって散らす。再度マイルドマヨネーズをかけ、E.V.オリーブ油と白こしょうをふる。

シャンパン片手の宴の始まり。
そんなシチュエーションでいただくのに絶好のサラダです。
形から入ることも料理の味わいを深める要素です。
鶏胸肉は、簡単で確実にしっとりゆでる方法を伝授します。

クスクスにも使われるスムール（ひき割りの硬質小麦）と刻んだ生野菜のサラダです。紹介したのは北アフリカのモロッコ、チュニジアからフランスに渡ったスムール主体のタブレですが、発祥とされる中東のレバノンやシリアでは、パセリなどの葉野菜が中心。野菜や押し麦などを彩りよく取り合わせ、レモン汁やオリーブ油で調味するだけです。くりぬいたトマトに詰めればパーティ料理にぴったりです。

タブレ

材料 ●3〜4人分

スムール（クスクスの名で市販
　されていることもある）……100g
熱湯……120〜140mℓ

トマト……110g
パプリカ（赤、黄合わせて）……50g
赤玉ねぎ……30g
きゅうり……80g
イタリアンパセリ……14枝
ミント……8枝
押し麦（ゆでたもの。下記参照）……20g

レモン汁……1個分
E.V.オリーブ油……小さじ4
塩、白こしょう

押し麦／乾物で15gを少量の塩を加えた熱湯で10分ゆで、水気をきったもの。
食べどき／あえたらすぐに。
アドバイス／オードヴルサラダはもちろん、料理のつけ合わせにも最適。

1 スムールを大きめのボウルに入れて熱湯をかける。ラップで蓋をして7〜8分おく。

2 パプリカは半分に切ってへた、白いワタ、種子を除く。次に横方向に幅5mmの細切りにし、その端から刻んで小角に切る。この順番のほうがきれいな小角に切りやすい。

3 トマトは皮を湯むき（p.87）にして厚さ1cmに切り分け、種子を除き、1cm角に切る。赤玉ねぎ、きゅうりは5mm角に切る。イタリアンパセリとミントは葉を摘んで細かく刻む。

4 もどしたスムールに押し麦を入れ、塩小さじ1/3、白こしょう少量、レモン汁1/2個分、E.V.オリーブ油小さじ1を加えて混ぜる。

5 野菜をすべてボウルに合わせ、塩小さじ1/3、白こしょう少量、レモン汁1/2個分、E.V.オリーブ油小さじ2を加えて混ぜる。イタリアンパセリとミントも加えて混ぜる。4のスムールに加え混ぜ、味をととのえる。

6 器に盛り、E.V.オリーブ油小さじ1をかける。

こまかく刻んだフレッシュ野菜と、こまかなひき割り小麦の
なじみやすい味わい。一度作れば、必ず常備したくなりますよ。

シンプルシェフサラダ

ひとつの野菜で作る簡単サラダです。工程がシンプルだから手早くできて、味つけもシンプルだからどんな料理とも合わせやすい。それになにより、野菜ひとつひとつの味や香りが満喫できるすぐれものです。定番サラダではおいしさのこつを伝授。そしてちょっと見たことないと思ってもらえるオリジナルサラダもそろえました。

サクサクきゅうりサラダ

叩いたり、つぶしたりしたいびつな形のきゅうり。でも、複雑にたくさんの断面ができるから、味のしみ込みがよく、歯ごたえもよくなって断然おいしくなります。ハーブはぜひ加えてください。爽やかな風味がぼんやりしたきゅうりの印象を引き締めます。

材料 ●2～3人分

きゅうり……2本(250g)
ミント(葉を粗くみじん切り)……8枚分
イタリアンパセリ(葉を粗くみじん切り)……8枚分
にんにく(すりおろし)……耳かき1杯
E.V.オリーブ油……大さじ½
塩、白こしょう
ミント、イタリアンパセリ(飾り用)

作り方

1 きゅうりの太い部分は皮が厚くてえぐみがあるので、その部分だけ縞状にむく。長さ3.5cm程度に切る(**a**)。
2 きゅうりを浅鍋に入れて、一回り小さい鍋やボウルで押して軽くつぶす(**b**)。まな板の上だと破片が飛び散るので、鍋の中が便利。
3 きゅうりに塩、白こしょうをふってにんにくをからめる。ミントとイタリアンパセリを加え、E.V.オリーブ油であえる。味がしみ込みにくいので、10分以上おき、水分が出たら捨てる。盛りつけ後、飾りのミントとイタリアンパセリを添える。

キャロット・ラペ

にんじんは、「美しいせん切り」に命をかけるべし。包丁でもスライサーでもよいですが、切れ味の鋭いもので切らないと味に響きます。ギザギザ、ザラザラした肌にしないことが絶対的に大事な身だしなみ。そして、繊維に沿って細く、長く切ることです。

材料 ●2～3人分

にんじん……1本(150g)
レーズン……6g
クミンシード……小さじ¼
レモン汁……20mℓ
E.V.オリーブ油……大さじ1
塩、白こしょう

作り方

1 にんじんを繊維に沿ってせん切りにする(**a**)。
2 レーズンは1粒を3カットくらいに刻む。
3 1をボウルに入れ、レーズン、クミンシード、塩、白こしょうを加えて混ぜたあと、レモン汁、E.V.オリーブ油を加えてあえる。

さやいんげんとマッシュルームのサラダ

丸ごとのいんげんは食感のパワーが強いので、華奢なマッシュルームに合わせて縦半分に切ります。微妙なバランスでおいしさが変わる——料理のおもしろいところです。筋の上を切ると柔らかくなりすぎるので、筋から少しずらして切るのがこつ。

材料 ●2〜3人分

さやいんげん……20本
マッシュルーム
　（厚さ2mmの薄切り）……6個分
ベーコン（あれば。短冊切り）
　……20g
エシャロットヴィネガー
　（作り方p.61）……大さじ2
赤ワインヴィネガー
　……小さじ1
ピュアオリーブ油
E.V.オリーブ油
塩、白こしょう

・急冷用の氷水

作り方

1 さやいんげんはへたを取り、柔らかく塩ゆでする。水気をきってバットに入れ、底に氷水をあてて急冷する。塩、白こしょう、E.V.オリーブ油を加えて混ぜながら冷やす（**a**）。包丁で縦に2等分する（**b**）。
2 ベーコンをピュアオリーブ油でカリッとするまで炒める。
3 ボウルにさやいんげんとマッシュルームを入れて、軽く塩、白こしょうする。エシャロットヴィネガーと赤ワインヴィネガーを加え混ぜ、ベーコンも溶けでた脂ごと加えて混ぜる。

シェフ風冷やしトマト

畑からもぎたてのトマトをかじったときの、青々しさの香るトマトの生命力とお日さまの香り。トマトのおいしさはこれに尽きます。手作り玉ねぎヴィネガーを塗ると完璧にマッチし、トマト本来の風味が冴えてきます。トマト1枚ずつに塗って盛りつけるのが、さらにおいしさを上げるこつ。

材料 ●4〜5人分

トマト（大玉）……1個
ミニトマト（赤、黄）……各5個
緑トマト……2個
フルーツトマト……2個
玉ねぎヴィネガー（作り方p.61）
　……適量
塩

トマト／味、色、形、大きさに変化をつけていろいろなタイプをそろえると最高。もちろん1種でもOK。

作り方

1 それぞれのトマトはよく冷やしておく。へたを取り、皮つきで厚さ3mmの輪切りにする（横に切る）。
2 バットに広げ、すべてのトマトに塩をふり、玉ねぎヴィネガーをトマト1枚ずつにスプーンで塗る（**a**）。
3 皿に重ねながら盛る（皿に直接トマトを並べ、調味しながら重ねていってもよい）。

コールスロー

キャベツを刻み、塩もみしてマヨネーズであえるだけ。塩でもんだあと、水分をよく絞ると調味料の味ののりがよくなります。今回は風味づけにジュニパーベリーを使いましたが、コリアンダーやクミンでもよく、確実においしくしてくれます。

材料 ●4〜5人分

キャベツ……300g（⅓個）
レーズン（刻む）
　……大さじ1
牛乳……40ml
マヨネーズ……60g
ジュニパーベリー
　（スパイス。粗みじん切り）
　……小さじ1強
レモン汁……小さじ⅔
塩、白こしょう、黒こしょう

アレンジ／りんご、にんじん、ディルの葉を混ぜても。
日持ち／冷蔵保存で5日間。

作り方

1 キャベツを粗みじんに切る。塩3gをふってつかむようにしてもむ（**a**）。
2 1分ほどおいてから布巾で包み、茶巾絞りにして水分をしっかり絞る（**b**）。
3 キャベツとレーズンをボウルに入れ、牛乳でさっとあえて水分を補う。マヨネーズとジュニパーベリーを加えて混ぜる。塩、白こしょう、レモン汁で味をととのえる。器に盛り、黒こしょうをふる。

かぶとえびのサラダ

かぶはほんのり甘みをきかせる食べ方がおいしいもの。このサラダもかぶの淡い風味を生かしてはちみつレモンの甘みをからめ、えびの甘みとも共鳴させました。1＋1＝3！　そしてときどき10‼　答えが2では合わせる意味がありません。

材料 ●4〜5人分

かぶ……200g（2個）
えび……80g
ミント（葉）……約10枚
セルフイユ（葉）……少量
はちみつレモン
　ドレッシング（作り方p.61）
　……大さじ2
塩、白こしょう

・急冷用の氷水

食べどき／あえたらすぐ。

作り方

1 えびは殻をむき、背ワタを除いて、少量の塩を入れた70℃の湯に入れてすぐに火を止める。数分おいて余熱で火を入れる。
2 1の底に氷水をあて、汁ごと冷やす（**a**）。冷えたらザルにあけ、水分を拭き取って斜めに4等分する。軽く塩、白こしょうをふる。
3 かぶは軸を少し残して葉を切り落とす。皮つきのまま縦半分に切り、端から縦に厚さ1〜2mmに切る（**b**）。軽く塩をふってもむ。水気をきる。
4 かぶとえびを合わせ、はちみつレモンドレッシングであえる。皿に盛り、ミントとセルフイユを散らす。

大根サラダ

大根はほぼ水でできています。少しの加熱と塩で最初に軽く表面の水分を抜き、強いバリアをゆるめておくと、一気にいろいろな食材や調味料となじみます。味つけはオリーブやアンチョヴィのうまみのある塩味で。

材料 ●4〜5人分

大根……220g
黒オリーブ(塩水漬けの瓶詰)
　……10粒
アンチョヴィのフィレ
　……1枚
E.V.オリーブ油
　……小さじ2
塩、白こしょう
・急冷用の氷水

アレンジ／イタリアンパセリも相性がよい。加熱した大根をタプナード(作り方p.61)であえても同じようなサラダになる。

食べどき／あえたらすぐ。時間がたつと水っぽくなってしまう。

作り方

1 大根は皮つきで縦8等分にしてから端から厚さ1.5mmに切る。ビニール袋に入れ、塩をふって電子レンジ(600W、50秒)にかける(**a**)。代わりに軽く塩ゆでをしてもよい。十分に冷ましておく(ストップ急冷)。
2 黒オリーブは種子を除いて薄切りにする。アンチョヴィは刻む。
3 大根の水気をきり、ボウルに入れ、塩、白こしょうをふる。黒オリーブ、アンチョヴィ、E.V.オリーブ油を加えてあえる。

とうもろこしの6対4サラダ

こんなに簡単で、こんなにおいしくていいの？　完璧なおいしさとはこのこと。ゆでたコーンと生のコーンを6:4の比で合わせるだけの調理。ゆでたもの100%では味も食感も単調ですが、生が混ざるとシャキシャキ感とみずみずしさが加わり、味わいに厚みが出ます。

材料 ●4〜6人分

とうもろこし……3本
塩、白こしょう
E.V.オリーブ油
黒こしょう

とうもろこし／夏の早朝にもいだ国産の新鮮なものに限る。太陽が昇ったあとの収穫では、夜間に蓄えた糖質を自分で消費して甘みが減る。

作り方

1 とうもろこしを2、3等分し、それぞれ1列分を包丁でV字に切り目を入れてはずす(**a**)。そこから、1列ずつばらしていく(**b**)。
2 塩分1%のゆで汁を作る。はずした粒の6割を入れて、約3分ゆでる。湯をきり、常温に冷ます。
3 ゆでたとうもろこしに残りの生とうもろこしを加え、塩、白こしょう、E.V.オリーブ油であえる。器に盛り、黒こしょうをふる。

納得のポテトサラダを作るには、ゆでたじゃがいもの水分をしっかりとばし、いったん粉吹きいもにすることです。水分が多いと、じゃがいもが本来持っているおいしいポテンシャルが十分に発揮されません。ゆでるときも、塩を入れないほうが粘りは出にくく、粉吹きがうまくできます。そしてあえるマヨネーズは、量を心持ち控えめに。じゃがいものピュアな味が楽しめますよ。でんぷん質の多い男爵で作りましょう。

ポテトサラダ

材料 ●4〜5人分
じゃがいも(男爵)……300g
きゅうり……40g
玉ねぎ……40g
にんにく(すりおろし)……耳かき1杯くらい
玉ねぎ(すりおろし)……10g
白ワインヴィネガー……大さじ1
マヨネーズ……40g
塩、白こしょう
ディルの葉(なくてもよい)

玉ねぎ／繊維と垂直に切れば辛みが抜けやすいが、それでも強ければ、水に少しさらしてから絞って使う。繊維を断ち切る切り方なので、舌に残らず、口当たりもよい。
食べどき／作りたてから数時間以内。
日持ち／冷蔵で2日。数時間以上おいたものは味を調整する。
アレンジ／なめらかさがほしければ、牛乳を30mlほど混ぜる。

1 じゃがいもの皮をむき、適宜の大きさに切り分けて幅1.5cmに切る。水に入れて強火にかけ、ゆでる。

2 竹串がスッと通り、つぶれる柔らかさになったら、ザルにあけて湯を捨てる。

3 じゃがいもを鍋に戻して中火にかける。ゴムベラなどで混ぜながら乾煎りして、粉吹きいもにする。火を止め、粗くつぶしておく。

4 きゅうりは薄切りに、玉ねぎは繊維と直角の薄切りにする。ボウルにじゃがいも、きゅうり、玉ねぎを合わせ、塩、白こしょうをふってあえる。

5 にんにくと玉ねぎの各すりおろし、白ワインヴィネガーを加えてあえる。次にマヨネーズを加えて混ぜ、塩、白こしょうで味をととのえる。皿に盛り、ディルをあしらう。

鉄は熱いうちに打て、と言いますが、
ポテトサラダも熱いうちがすべて！
じゃがいもが温かいあいだに味をつければ、
どんな素材とも仲良くなれますよ。

ポテトサラダの
アレンジレシピ

ポテトピュレのサラダ

裏ごししたじゃがいもで作る、なめらかなポテトサラダです。粉吹きいもにするところまでは前ページの基本形と同じ。きゅうりは塩でもんで水分を抜き、じゃがいもの柔らかさに合わせます。ラップで包んで冷蔵庫で冷やすと形がきれいに整います。

材料 ●4～5人分

じゃがいも（男爵）300g　きゅうり40g　にんにく（すりおろし）耳かき1杯くらい　玉ねぎ（すりおろし）10g　E.V.オリーブ油大さじ1　白ワインヴィネガー大さじ1　マヨネーズ40g　半熟玉子（作り方p.156）3個　塩、白こしょう、粗塩、E.V.オリーブ油、ディルの葉

食べどき／作りたて。
アレンジ／なめらかさがほしければ、牛乳を20mlほど混ぜる。

作り方

1 p.77のポテトサラダの作り方1～3と同様に作る。
2 粉吹きいもを裏ごしにかけてピュレにする（**a**）。ボウルに移し、E.V.オリーブ油でのばす。
3 きゅうりは薄切りにし、塩をひとつまみ入れてしばらくおく。布巾で包んで絞り、水気を抜く。
4 2と3を合わせ、塩、白こしょうをふってあえる。にんにくと玉ねぎの各すりおろし、白ワインヴィネガーを加えてあえ、次にマヨネーズを加えて混ぜる。塩、白こしょうで味をととのえる。

● **盛りつけ**

❶ポテトサラダの適量をラップで好みの形に包み、冷蔵庫において軽く固める（**b**）。
❷半熟玉子を乱切りにする。ポテトサラダのラップをはずして皿に盛り、玉子を飾り、粗塩、白こしょう、E.V.オリーブ油を少量かけ、ディルを飾る。

ポテトサラダ パスタ入り

ポテトサラダにショートパスタとツナ、半熟玉子を加えて、見た目も味わいも豪華。具材が多い分、ポテトがパサつきやすくなるので牛乳を加えてなめらかさを保ってください。パスタは通常よりも柔らかくゆで、冷水で冷やすと塩味が抜けるので、再度きちんと味つけを。

材料 ●5～6人分

じゃがいも（男爵）300g　きゅうり50g　玉ねぎ40g　にんにく（すりおろし）耳かき1杯くらい　玉ねぎ（すりおろし）10g　白ワインヴィネガー①大さじ1⅓　マヨネーズ60g　牛乳大さじ2　ショートパスタ（コンキリエを使用）60g　E.V.オリーブ油小さじ1弱　白ワインヴィネガー②少量　ツナ（缶詰。汁をきる）60g　半熟玉子（作り方p.156）2個　イタリアンパセリの葉少量　塩、白こしょう、黒こしょう　氷水

作り方

1 p.77のポテトサラダの作り方1～5（ヴィネガーを加えるところまで）と同様に作る。
2 パスタをゆでる湯に塩分1％になる塩を加え、表示時間より2分長くゆで、氷水に入れて冷まし、ザルにあけて布巾などで水気をよく拭き取る。ボウルに入れ、塩、白こしょう、E.V.オリーブ油、白ワインヴィネガー②であえる（**a**）。
3 1にパスタとツナを加えて混ぜる。マヨネーズと牛乳、さらに塩ふたつまみ、白こしょう少量で味をととのえる。半熟玉子を乱切りにして加え、さっくりと混ぜる（**b**）。皿に盛り、黒こしょうをたっぷりふり、イタリアンパセリを散らす。

4章

シェフズオードヴル

野菜たちが織りなす
ちょっとスペシャルなお店の味。
王道レシピを中心に
感動の味を習います。

フランスではラタトゥイユ、イタリアではカポナータ。ヨーロッパ各地に伝わっている夏野菜で作る農家料理です。作り方はひとつではなく、野菜の「水分の抜き加減」によって味わいの異なるラタトゥイユができます。紹介するのは、水分を軽く抜いて野菜の食感を残すタイプと、形が崩れるまで煮て味を濃縮するタイプ。使う野菜は同じです。どちらも意識するポイントは水分コントロール。野菜の種類によって水分の抜けるスピードが異なるので、そこに注意して抜き方のこつを覚えましょう。

ラタトゥイユ

基本ラタトゥイユ 作り方はp.82

野菜ひとつひとつの形を残したたっぷり食べられる基本形

　野菜はやや大きめに切り、形を残して個々の食感を生かして煮上げます。野菜の水分を30％抜くイメージでおいしさを引き出します。折々に蓋をして蒸し焼き、蒸し煮にして野菜から「水分を引き出し」、次に蓋を取って「水分をとばす」——この工程をくり返すのがこつ。炒める順番は硬い野菜から、形が崩れやすい野菜へ。とくにトマトは入れたら混ぜずに蓋をし、火を止めて1時間の余熱調理。こうして野菜の形を残しながら味をなじませます。

濃厚ラタトゥイユ 作り方はp.84

濃縮した野菜の味を楽しむとろとろラタトゥイユ

　とことん煮込み、とろりとした濃厚な野菜のエキスを味わうラタトゥイユです。野菜はやや小さめに切り、形が崩れてとろとろになるまで水分をとばします。そのために、水分が少なめのパプリカと玉ねぎ、多めのズッキーニとなすというふたつに分けて調理し、効率よく水分を抜きます。いちばん水気の多いトマトは、短時間で水分をとばし、味を濃縮させたいので、あえて水分の少ないグループに入れて集中的にとばします。ふたつを合わせたら数分なじませてでき上がり。味が濃いので、ワインヴィネガーを最後にひとふりして爽やかさを加えます。濃厚ラタトゥイユは冷凍保存可能です。

「基本ラタトゥイユ」の作り方

材料 ●4〜5人分

パプリカ（赤、黄）……各1個
玉ねぎ……1個
ズッキーニ……大1本
なす……2本
トマト……小1個
にんにく（つぶしたもの）……1かけ
赤唐辛子……1本
タイム……4〜5枝
オレガノ（ドライ）……大さじ½

塩、ピュアオリーブ油
E.V.オリーブ油

鍋／蓋ができる鍋。できるだけ広口のほうが水分がとびやすくてよい（ここでは直径24cmを使用）。
食べどき／当日でもよいが、翌日がベスト。冷蔵庫で冷やしてどうぞ。冷凍保存は不適。

ラタトゥイユは一晩ねかせた翌日に、
冷たくして食べるのが美味。
当日より、温かいままより、味わいが断然深まります。

1 パプリカはガクと、白いワタを除き、幅1〜2cmの乱切りにする。玉ねぎは8等分のくし形切り、なすとズッキーニは厚さ5mmの輪切りにする。トマトは皮を湯むき(p.87)にして、大きなさいの目に切る。

2 鍋にピュアオリーブ油を多めに入れて中火にかけ、にんにく、赤唐辛子、タイムを入れて炒め、香りを引き出す。

3 パプリカを入れて軽く塩をふり、5分ほど、やや柔らかくなるまで炒める。

4 ズッキーニを加えて2〜3分、次になすを入れて2〜3分炒める。

5 蓋をして、弱火で5分ほど蒸し焼きにする。

6 野菜から出た水分がたまってきたら、蓋を取って火を強め、水分をとばしながら火を入れる。

7 野菜全体がしんなりとしたら、玉ねぎを加え混ぜる。

8 塩をして蓋をし、弱火にして3分蒸し焼きにする。一度全体を混ぜ、味をみて塩で味をととのえる。さらに蓋をして2分煮る。

9 蓋をはずして火を強め、少し煮つめて水分をとばす。鍋底にはあまり煮汁がたまっていないほうがよい。

10 最後にトマトとオレガノを入れ、混ぜずに蓋をして温める。蒸気が立ったら火を止める。

11 蓋をしたまま1時間おく。写真は1時間後のできあがり。粗熱をとり、できればこのまま冷蔵庫で1日おいてなじませる。器に盛りつけたらE.V.オリーブ油を回しかける。タイム(分量外)を散らしてもよい。

残った煮汁が多いとき

でき上がったラタトゥイユをしばらくおくと煮汁が染み出してきます。汁が多いときは、煮汁だけを鍋にあけて少し煮つめ、濃度をつけてから野菜に戻して合わせます。器に盛ったとき、煮汁がまわりに流れない状態がめざす仕上がりです。

煮汁だけを鍋に入れ、煮つめて水分をとばしてから再び野菜と合わせます。

時間が作るおいしさ

料理は、作りたてがすべておいしいわけではありません。仕上がった後、時間をおくことで味がなじみ、深みが増して、おいしさのピークがやってくる料理もあります。「時間が作るおいしさ」です。ラタトゥイユのような「蒸し煮料理」は時間の経過とともに徐々に煮汁が浸透し、マリネされていくため、一体感が生まれて風味が増し、1日以上おいたほうが確実に味わい深い料理になります。前日に仕込んで、時間が導き出してくれる味わいを実感してください。

「濃厚ラタトゥイユ」の作り方

材料 ● 4〜5人分

「基本のラタトゥイユ」(p.82)と共通
それに加えて
赤ワインヴィネガー ……小さじ1

ブルスケッタ(作り方は下記参照)……適量

1 野菜をすべて1cm角に切る。

2 鍋にピュアオリーブ油をひいて中火にかけ、にんにく、赤唐辛子、タイムの各半量を入れて炒め、香りを引き出す。パプリカ、玉ねぎを入れて軽く炒める。
5、6の工程も同時に進める。

3 油が全体に回ったら塩をふり、トマトを加えて混ぜる。蓋をして弱火にし、野菜に汗をかかせるように蒸し焼きにする。

4 ときどき蓋を取って中火で混ぜて、水分をとばす。これをくり返し、とろとろになって味が濃縮するまで約30分火を入れる。

5 別鍋にピュアオリーブ油をひいて中火にかけ、にんにく、赤唐辛子、タイムの各半量を入れて炒め、香りを引き出す。ズッキーニとなすを入れ、軽く炒めて塩をふる。

6 蓋をして弱火にし、野菜に汗をかかせるように蒸し焼きにする。ときどき蓋を取って中火で混ぜて、水分をとばす。これをくり返し、とろとろになって味が濃縮するまで約30分火を入れる。

7 4の野菜と6の野菜をひとつの鍋に合わせて中火にかける。

8 全体を混ぜ合わせ、オレガノをふり、赤ワインヴィネガーを加える。塩で味をととのえ、2〜3分火を入れる。

9 バットに移し、粗熱をとる。底に氷水をあてて急冷してもよい。器に盛り、ブルスケッタを添える。

● **ブルスケッタの作り方**
ブルスケッタはイタリアのガーリックトースト。バゲットを薄切りにしてトーストし、半分に切ったにんにくの切り口をすりつけ、E.V.オリーブ油をたらす。

ラタトゥイユのアレンジレシピ

ラタトゥイユはいろいろな仕立てが楽しめる料理です。
ラタトゥイユだけでもおいしいうえに、副素材を添えたり、ソースとして利用したりと、
どんな素材と競演させてもしっくりなじみ、野菜の味わいに輝きが増してきます。

アレンジ 1
ラタトゥイユのとろとろ玉子添え

玉子とラタトゥイユはもとより好相性。ポーチドエッグ風に黄身をとろとろに仕上げて、ラタトゥイユにのせます。黄身がソースのようにからみ、コクが増します。

作り方

1 とろとろ玉子を作る（作り方p.91）。
2 基本のラタトゥイユを器に盛り、とろとろ玉子をのせ、塩、白こしょうをふる。

アレンジ 2
ラタトゥイユのブルスケッタ

濃厚ラタトゥイユはブルスケッタにのせて、ひと口オードヴルにするのもアイデアです。ジャムのようになった旨みの強いラタトゥイユは、パンとともに味わうのにぴったりです。

作り方

1 ブルスケッタを作る（作り方p.84）。
2 ブルスケッタにラタトゥイユをのせて器に盛る。

アレンジ 3
ラタトゥイユとキヌアのカクテル

栄養価の高さで昨今人気の雑穀キヌア。塩ゆでして、ラタトゥイユと一緒に盛りこみます。カクテルグラスなら、涼しげなおしゃれオードヴルに。器次第で、ふたつを層に重ねたり、混ぜ合わせてから盛ったりしても。

作り方

1 キヌアを5〜6分塩ゆでし、水分をきって粗熱をとる。常温のままでも、冷やしても。
2 カクテルグラスにキヌアを入れてラタトゥイユを盛る。
3 トマトの小角切りとタイムを添える。

●**スムールとクスクス風に**
キヌアの代わりに、柔らかくもどしたスムール（p.135）と合わせてもおいしい。

ほかにも、こんなアレンジ、こんな利用を——

●**チーズを添えて**
モッツァレッラチーズ、リコッタチーズなどのフレッシュチーズなら乳製品ならではのマイルドな爽やかさが加わり、パルミジャーノチーズやミモレットチーズ（オレンジ色のハードチーズ）はコクを添えてくれます。

●**冷製パスタソースとして**
極細パスタのカペッリーニをゆでて冷やして冷製に仕立て、冷たくした濃厚ラタトゥイユをソースとして組み合わせます。冷製パスタのバリエーションのひとつに。

●**肉料理や魚料理のつけ合わせ、ソースに**
ラタトゥイユは肉料理や魚料理にもなじみます。基本タイプならつけ合わせに、濃厚タイプならソースに。味も見た目もボリュームアップします。
　ただし、温かい肉料理や魚料理に冷たいラタトゥイユでは温度差がありすぎるので、その場合はラタトゥイユを常温にします。

トマトは調理法によっていろいろなおいしさに出合えます。この料理は皮をむいて切り分けたトマトを、オリーブ油であえてトロッとしたところをいただくマリネ。トマトから出るジュースを油で乳化させながらからませるので一体感が増し、また皮がないぶん、味のなじみもよいのです。マリネといっても長時間おいてはいけません。切り口があるトマトは塩の作用でどんどん水分が出てしまうので、作りたてをジュースごと食べましょう。

フルーツトマトのマリネ 桃添え

材料 ●5人分

フルーツトマトのマリネ
- フルーツトマト……300g
- E.V.オリーブ油……85㎖
- にんにく（すりおろし）……耳かき1杯くらい
- 塩……小さじ1/3

桃……1個
水きりヨーグルト（下記参照）……適量
ミント、黒こしょう

・急冷用の氷水

水きりヨーグルト／1日前から準備。
アドバイス／氷水で冷やしながらトマトと油を混ぜると乳化しやすい。
食べどき／作りたて。
アレンジ／トマトの風味が薄いときは、少しのはちみつやレモン汁を補うとよい。

1 フルーツトマトの皮を湯むきし（下記参照）、大きさに応じて8〜12等分のくし形に切る。

3 桃は下記の「トマトの皮の湯むき」と同様にして皮をむく。トマトとほぼ同じ大きさに切り分ける。

2 底に氷水をあてたボウルにトマトを入れ、塩とにんにくを加えてスプーンでよく混ぜる。E.V.オリーブ油を加え、よく混ぜてトマトから出たジュースと乳化させる。乳化によってとろりとしてくる。

4 トマトのマリネ、桃、水きりヨーグルトを器に盛り合わせる。ミントを刻んで散らし、黒こしょうをかける。

●水切りヨーグルトの作り方

プレーンヨーグルトをザルにあけて一晩水きりをして作ります。水分が抜けて、さっぱりとして柔らかなフロマージュ・ブランやクリームチーズ風の味わいになります。

1 ボウルにザルと布巾（またはペーパータオル）を重ね、プレーンヨーグルト適量を崩してのせる。
2 冷蔵庫で一晩おいて水分をきる。重量が6割くらいになる。

●トマトの皮の湯むき

トマトのマリネは、皮がついたままだとなめらかさが出ません。必ず皮を湯むきして作ります。熱湯につけすぎると火が入ってしまうので、15秒を目安に。あくまで「生」をキープします。

1 急冷する氷水を用意する。トマトのへたを取り、熱湯に入れて15秒ほどおく。

2 網杓子ですくい、氷水に完全につける。

3 へた跡の少し皮がむけたところからむき取る。

トマトの水分とオリーブ油の乳化のコントロール、
そして食べるタイミングが命。5分おいたら味は別ものです。
みんなを食卓に着かせてから調理するくらいの意気込みで！

種類別トマトマリネの展開レシピ

どんなトマトでも作れます。フルーツ、チーズなどでグレードアップも簡単。

トマトマリネは、味が濃厚でバランスのよいフルーツトマトがいちばん作りやすいのですが、大玉トマトやミニトマトでも大丈夫。それぞれに味の濃淡や食感の違いなどがでて楽しめます。多少緑がかったトマトでも、その青い風味が個性になるものです。

ベースのトマトマリネを作ったら、あとはいろいろな食材を組み合わせてみましょう。よりグレードアップした特別な一皿になります。柔らかくゆでた極細パスタ、フルーツ（チェリー、巨峰、マスカットなど）、チーズ（モッツァレッラ、リコッタ）、水きりヨーグルトなどはとくに相性がよく、調理も簡単。トマトマリネの「⅓くらいの量」を合わせると、風味のバランスがとれます。バジルやミントなどのハーブも添えると爽やかさが増します。

大玉トマトのマリネで作る

一般的な大玉トマトは、産地や栽培条件で味わいはさまざま。水分含有量が多いものは味が薄く感じます。大玉トマトのマリネは切り口が多いぶん、水分が出やすくなります。トーストを散らしたり、混ぜたりすればおいしい水分を吸収してくれるので、見た目がきれいで食べやすくなります。

●皮を湯むきにし、種子はつけたまま2cm角前後に切り、p.87の2と同様に（調味料も同比率で）作る。

アレンジ1
大玉トマトのマリネ＋トースト

好みのパンをトーストして、一口大に切り分けます。器に盛った大玉トマトのマリネの上にのせ、バジルをちぎって散らします。

アレンジ2
大玉トマトのマリネ＋ブルスケッタ

マリネの水分を少しきり、食べやすく1cm角くらいにカットします。ブルスケッタ（作り方p.84）にのせ、バジルを散らします。

フルーツトマトのマリネで作る

水分を極力与えないように育てて糖度を引き上げたトマトで、フルーツのような濃い甘みがあることからその名があります。甘みだけが強いのではなく、ほどよい酸味と香りが兼ね備わっているものがベスト。高価で贅沢なフルーツトマトは、果物と組み合わせてさらにうっとりする一皿に。

● p.87の1〜2と同様に（調味料も同比率で）作る。

ミニトマトのマリネで作る

ミニトマトはフルーツトマトにくらべれば甘みも酸味も少なめ。外からしっかりと味をつけて、おいしさをパワーアップさせましょう。黄色のミニトマトも一緒に使えば、風味に変化が出ますし、彩りもきれいです。切らずに調理するので出てくる水分は少なく、作ってから多少の時間をおいても大丈夫。

● 皮を湯むきにし、p.87の2と同様に（調味料も同比率で）作る。

アレンジ 1
フルーツトマトのマリネ ＋ アメリカンチェリー

アメリカンチェリーは半割にして、種子を除いて使います。チェリーの大きさもほどよく、濃い甘みと酸味がアクセントになります。

アレンジ 1
ミニトマトのマリネ ＋ 巨峰

巨峰は皮つきだと口に残るので、皮をむいて赤と黄のミニトマトのマリネとあえて盛り合わせます。マスカットやアメリカンチェリーも好相性。

アレンジ 2
フルーツトマトのマリネ ＋ カペッリーニ、マスカット

極細パスタのカペッリーニを柔らかくゆで、湯をきって氷水で締めます。水分をふき、フルーツトマトのマリネとあえて器に。マスカットは皮ごと2等分して散らします。

アレンジ 2
ミニトマトのマリネ ＋ 玉ねぎ、バルサミコ酢

玉ねぎの薄切りを半分の長さに切り、ミニトマトのマリネの汁、塩、白こしょう、E.V.オリーブ油であえます。ミニトマトのマリネと一緒に皿に盛って、バルサミコ酢をたらします。

昔は缶詰しかなかったホワイトアスパラガス。最近はフレッシュ品が世界中から入っています。香りも味も食感も、缶詰とは別もの。とくに繊細な甘みは、料理の脇役にするにはもったいない！ 必ず主役にしてくださいね。アスパラガスは買ったらすぐにゆでることが大事です。サクッとした硬さが残ってもだめ、グチャッとつぶれてもだめ。歯がすっと入る柔らかさこそ、風味が引き立ちます。

ホワイトアスパラガスのソテー、とろとろ玉子添え

材料 ●2人分

ホワイトアスパラガス……8本
卵（使うまで冷蔵庫に入れておく）……2個
レモン（下調理用。厚さ1cmの輪切り）……1枚
パルミジャーノチーズ（ブロック）……適量

ピュアオリーブ油、E.V.オリーブ油
塩、粗塩、白こしょう、黒こしょう

・急冷用の氷水

レモン／レモンのスライスを入れてゆでるとホワイトアスパラガスが白くゆで上がり、アクも抜ける。
特に用意する道具／皮むき器。
食べどき／ソテーしたらすぐに。ゆでたものを保存するときはゆで汁につけた状態で冷蔵庫へ。
アレンジ／ゆで上がりを焼かずに食べる場合は、トマトドレッシング（作り方p.63）が合う。

1 穂先を除く軸の皮をむく。ごく薄く、ひと筋たりともむき残しを作らない。皮の厚い根元近くはむき残しが出ないようとくに注意する。

2 根元を1cmほど切り落とす。

3 「とろとろ玉子」を作る。鍋で湯を沸かし、火を止めて2分たったら、冷蔵庫から出したての卵を入れる。蓋をせずに12分（Mサイズ）〜13分（Lサイズ）おいたのち、氷水に入れて冷やす。

★鍋に卵を入れたときにスペースに余裕があること。鍋が小さすぎるとすぐに湯温が下がり、固まるのに時間がかかる。

4 鍋に塩分1%強の塩水を作り、沸騰させる。レモンとアスパラガスを入れ、中火で約10分、柔らかくなるまでゆでる。

5 ゆで汁ごとバットに移し、底に氷水をあてて冷ます。

6 食べるときにアスパラガスをゆで汁から取り出して水分をふく。ピュアオリーブ油をひいたフライパンを中火にかけ、アスパラガスをソテーする。塩、白こしょうをふる。焼き色をつけつつ、中心まで温める。

7 とろとろ玉子をボウルに割り入れる。アスパラガスを器に盛り、玉子をのせ、パルミジャーノチーズを削りながら散らす。粗塩、黒こしょう、E.V.オリーブ油をふる。

ゆで上げただけでおいしい！
さらに、ソテーしてチーズと玉子でうまみとコクをまとわせれば、
これはもう王様の風格です。

一見ピクルスに見えますが、野菜自体がもつ水分で作る「蒸し煮」で、レストランでもアラカルトとして出される一品です。鍋に野菜を入れて、塩とレモン汁を加えて加熱すると、それが呼び水となって野菜からうまみのある水分が引き出されます。そしてそのまま野菜のエキスでマリネすると、再び野菜にエキスが戻って優美な味が生まれるのです。とても理にかなったおいしい料理です。メニュー名のア・ラ・グレックとはギリシャ風という意味。

野菜のア・ラ・グレック

材料 ●4〜5人分

野菜①
- カリフラワー……正味130g
- にんじん……150g
- セロリ……60g
- ズッキーニ……150g
- ヤングコーン……6本

野菜②
- ポワロー(リーキ。長ねぎ、太ねぎでも)……150g
- 大根……150g
- ミニトマト(なくてもよい)……6個

にんにく(つぶしたもの)……1かけ
コリアンダーシード……小さじ2/3
E.V.オリーブ油……大さじ3
レーズン(なくてもよい)……20g
レモン汁……50ml
レモンまたはオレンジの皮(表皮の色のある部分だけを薄くむく)……少量
塩

・急冷用の氷水

上記以外のおすすめ野菜／マッシュルーム、玉ねぎ、れんこん、キャベツ、下ゆでしたじゃがいもなど。
鍋／蓋ができる鍋(ここでは直径24cmを使用)。
食べどき／冷蔵庫で保存して翌日から5日目くらい。毎日1回は上下を混ぜ返す。
楽しみ方／夏はよく冷やしてどうぞ。暑い日には口当たりがよく、たっぷりいただけます。さまざまな料理のつけ合わせにも。

下準備
- カリフラワーを小房に分ける。
- にんじんは幅3cmに切り、縦8等分に切る。
- セロリは幅3cmに切って縦に半割にする。
- ポワローは幅1cm(長ねぎは幅2cm)、ズッキーニは厚さ1.5cmの輪切りにする。
- 大根は厚さ1.5cmの輪切りにしてから十字に切る。

1 鍋にE.V.オリーブ油とにんにく、コリアンダーを入れ、中火にかけて油に香りを移す。

2 よい香りがしてきたら、野菜①を鍋に入れ、塩小さじ1とレモン汁を加えてよく混ぜる。ここでしっかり味をつける。蓋をして弱めの中火で蒸し煮(1分半)にする。

3 野菜②のポワローと大根を加えてざっと混ぜ、蓋をしてさらに1分半ほど蒸し煮にする。

4 ときどき蓋をしたまま鍋を揺って野菜を混ぜて、さらに2分ほど加熱して火からおろす。野菜を鍋に入れてからの加熱時間は、計5分弱。蓋をしたまま鍋底に氷水をあてて「ストップ急冷」をし、そのまま1時間おく。冷めるまでは蓋をあけない。

5 冷めたら味をみて塩をする。レモンまたはオレンジの皮を混ぜ、密閉容器に移し、冷蔵庫で最低1日おく。盛りつけるときにミニトマトとレーズンを添える。

材料の野菜はすべてそろえなくてもかまいませんが、カリフラワー、にんじん、セロリ、ポワロー(白ねぎ、太ねぎでも)はぜひ使ってください。

> 時間が経過すると、
> どんどんしっくりとなじんでゆき、
> 味わいが一層深まります。
> 驚くほどシンプルに作れて、
> 日持ちもして、おいしい！
> ぜひ覚えてほしい料理です。

サラダ感覚でたくさんの野菜を楽しめる料理です。生野菜だけでなく、ゆでたり蒸したりの加熱野菜でもかまいません。料理名のバーニャカウダは「温かいソース」のことで、にんにく、アンチョヴィ、オリーブ油で作るソースを温めながら、野菜につけて食べるもの。北イタリアの、本来は冬の料理です。最近はソースを冷たくして出す店も多いですが、基本は熱くして食べます。ソースを温める専用ポットが売られているので、できれば購入してくださいね。雰囲気が盛り上がりますよ。

バーニャカウダ

材料 ●6〜8人分

にんじん……1/2本
紫にんじん……1本
パプリカ（赤、黄）……各1/3個
ピーマン……1個
セロリ……1/2本
ズッキーニ……1/3本
アンディーヴ（チコリ）……1株
かぶ……1個
紅芯大根……50g
大根……50g
ラディッシュ……3個
フェンネル……1/4個
きゅうり……1/2本
ミニトマト……6個

バーニャカウダソース ●作りやすい分量

にんにく……20かけ
アンチョヴィのフィレ……30g
E.V.オリーブ油……50g
牛乳……にんにくに対しひたひたの量
塩

こんな野菜でも／カリフラワー、キャベツ、じゃがいも、かぼちゃ（以上はゆでるか蒸す）、赤チコリ、ビーツなど。
アンチョヴィ／製品によって塩味の強さや風味が違う。ソースの塩は最後に味見をして入れる。
あるとよい特別な道具／フォイョ（ソースの保温用ポット）
食べどき／ソースは温め、野菜は新鮮なうちに。

1 野菜を、それぞれ食べやすい大きさに切る。できるだけ形に変化をつけたほうが、全体として味に奥行きが出る。棒切りや薄切りなど、同じ切り方が多いと、食感が似て単調な印象になる。

2 バーニャカウダソースを作る。にんにくの新芽を除き、小鍋にたっぷりの水とともに入れて火にかけ、ぐらぐら沸いたらザルに取る。さらに2回水からゆでてザルに取る工程をくり返す。再度小鍋に入れ、ひたひたの量の牛乳を加えて柔らかくなるまで煮る。

3 にんにくを取り出し、アンチョヴィとともにミキサーにかける。ボウルに移し、E.V.オリーブ油でのばして塩で味をととのえる。

4 ソース専用のポットにソースを入れ、火をつけて温める。野菜を彩りよく皿に盛る。

バーニャカウダソースの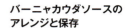アレンジと保存

・生クリームを加えるとマイルドになります。最後に少量を混ぜてください。にんにくをピュレにせず、みじん切りにしてE.V.オリーブ油で柔らかく煮るように火を入れ、そこにアンチョヴィを混ぜる方法もよいです。

・ソースは多めに作って冷凍保存すると便利。密閉袋に入れて薄く広げて冷凍し、使うたびに端から少量ずつ折っていけば手軽です。

> 野菜は同じ形に切らない！
> 薄かったり、厚かったり、
> 棒だったり、丸かったり。
> いろいろな種類をいろいろな食感にすれば、楽しさ倍増。

時間がたって堅く乾いてしまったパンを、別の形でおいしく食べるために考えられたサラダです。そう、主役はパン。生の野菜は塩をふると中から水分が出てくるでしょう。その風味のよい野菜のエキスをパンに吸わせておいしくさせるんです。だから、混ぜ合わせてしばらくおき、なじませてから食べるのがいい。野菜はトマト、きゅうり、赤玉ねぎが基本。イタリア・トスカーナの伝統的な家庭料理です。

パンツァネッラ

材料 ● 3〜4人分

バゲット……60g
バルサミコ酢……小さじ2/3
E.V.オリーブ油……大さじ1/2
塩、白こしょう

きゅうり……150g（1 1/2本）
トマト……280g（下記参照。大玉なら2個）
赤玉ねぎ……150g（1個）
バジル（葉）……10枚
黒オリーブの実（種子を除く）……7〜8個
にんにく（すりおろし）……耳かき1杯
白ワインヴィネガー……大さじ1/2
バルサミコ酢……小さじ1/2
E.V.オリーブ油……大さじ1強
イタリアンパセリ……適量
塩、白こしょう、黒こしょう

バゲット／食パンでも。乾燥したパンを使うなら、50gをたっぷりの水に浸して水分を含ませ、絞る。
トマト／ノーマルな大玉でも、ミニトマト、フルーツトマト、緑の多いものなどなんでも。
食べどき／作って冷蔵庫で15分以上なじませてから。
楽しみ方／暑い夏に、冷やしていただくのがいちばん。

1 バゲットを3cm大に粗くちぎり、ボウルに入れて塩、白こしょう、バルサミコ酢、E.V.オリーブ油を回しかけて混ぜ、味をつけておく。

2 きゅうりを厚さ3mmの輪切りにする。塩をふって混ぜ、10分くらいおいて余分な水分を出しつつ塩味をつける。たまった水分は捨てる。

3 トマトは2〜3cm角に切る。赤玉ねぎは繊維に垂直に厚さ2〜3mmに切って水にさらす（絞らずに水気をきる）。黒オリーブの実は輪切り、バジルは粗くちぎる。以上と2のきゅうりをボウルに合わせる。

4 バゲットを加え、にんにく、塩、白こしょうをふり、白ワインヴィネガー、バルサミコ酢、E.V.オリーブ油を回しかけ、混ぜる。15分以上おいて味をなじませる。皿に盛り、イタリアンパセリを飾り、黒こしょうをふる。

> 味の決め手は、オリーブ油の香りと
> 酢の酸味を際立たせること。この加減を意識して
> 味見をしてください。食欲のない暑い夏、
> 冷蔵庫に作りおきしておくと重宝します。

たくさんの野菜を層に重ねた、野菜だけのテリーヌです。切り口の美しさなど見かけだけに意識が向きがちですが、味をしっかり作ることにも意識を向けます。ひとつひとつの野菜の個性に見合った調理——つまり土台をきちんと作ること。上手に調理したものをバランスよく組み合わせれば、見かけよし、味なおよしのテリーヌができるのです。

野菜テリーヌ

材料 ●パウンド型1台分（長さ18cm）

パプリカ（赤、黄）……各2個
なす……1本
ズッキーニ……1本
にんじん……1本
大根（縦にスライス）……100g
ブロッコリーの芯……2本
玉ねぎ……1個
紅芯大根……100g
さつまいも……100g
紅いも……100g
かぼちゃ……100g
キャベツ……8枚

ベーコン……15g
ブイヨン（作り方 p.157）……約1リットル
板ゼラチン……12g
にんにく（つぶしたもの）……1かけ
赤唐辛子……1本
サラダ油、塩

・急冷用の氷水

包丁／盛りつけるときにアルミ箔ごとスパッと切れるように、よく研いで切れ味をよくしておく。
特に用意する道具／蓋に利用するための発泡スチロール。
食べどき／冷やし固めた翌日。

型と蓋の準備

アルミ箔を長さ50cmに切る。型に敷いたときに両サイドにたれる分もとる。ラップも同じ大きさに切って上に重ねる。

アルミ箔とラップの幅を、型底の長さに合わせて両端から折りこむ。

2枚を重ねたまま型に敷く。アルミ箔があたっていない幅の狭い側面は、別にラップのみをあてて外側に5cmほどたらす。

発泡スチロールを型の内寸の大きさに切る（カッターナイフで簡単に切れる）。ラップで包んで使う。

野菜の準備

● パプリカは天地を切り落とし、種子とワタを除いて4〜5cm大に切る。
● なす、ズッキーニ、にんじん、大根、ブロッコリーの芯は長さを2等分し、縦方向に厚さ2mmの薄切りにする。
● 玉ねぎは繊維に平行に厚さ1mmの薄切り、紅芯大根は厚さ2mmの輪切りにする。
● キャベツは葉を縦半分に切り、芯を切り離す。

題して「ミッソーニ風」テリーヌ。
あのイタリアンブランドの美しい柄をイメージしながら
詰めましょう。順番などルールはなし。
想像力を働かせてデザインして。

野菜はいろいろな種類を
ほぼ同じ体積比で取り合わせてください。
ひとつひとつが個性を発揮してくれる
ほどよいバランスです。

野菜を調理する

1 パプリカをにんにくと赤唐辛子、サラダ油、水（分量外。高さ1cm分）とともに鍋に入れて強火にかける。沸騰したら中火にし、塩少量をふって蓋をする。ときどき混ぜながら20分ほど炒める。

2 別鍋で玉ねぎをサラダ油で炒め、塩少量をふってしんなりさせる。ごく弱火で蓋をして15分火を入れる。

3 さつまいも、紅いも、かぼちゃはそれぞれラップで包み、電子レンジ（600W）で10分加熱して柔らかくする。粗熱をとって、縦に厚さ2mmの薄切りにする。

組み立てと盛りつけ

4 なすとズッキーニは多めのサラダ油で揚げ焼きにする。途中で裏に返し、全体が油を吸って、軽く水分が抜けるまで揚げる。

5 キャベツはさっと塩ゆでし、水分をきってバットに入れ、底に氷水をあてて「ストップ急冷」をする。

6 ブイヨンに塩味をやや強めにつけて温め、にんじん、大根、ブロッコリーの芯、紅芯大根、ベーコンをゆでる。柔らかくなったらゆで汁ごとバットに移し、底に氷水をあてて「ストップ急冷」をする。5のキャベツをここに移して一緒に浸しておく。

7 ゼリー液を作る。板ゼラチンを冷水に浸してふやかす。十分にふやけたら水気をきってステンレスボウルに入れて湯煎で溶かす。6のゆで汁を約40mℓ加える。

8 準備した型に、キャベツの全量を少しずつずらしながら敷き詰める。詰め終わりに上面をキャベツで覆えるように、外側にも長くたらしておく。

9 下調理した野菜をおおまかな四角形に切り整えながら、型に自由に詰めていく。1層分を詰めたらゼリー液を流して重ね、ときどき手の平で上から強く押しつける。

10 型いっぱいまで詰めたら、たらしておいたキャベツをかぶせ、ラップとアルミ箔で覆う。

11 型をバットに入れ、発泡スチロールの蓋をのせて両手で強く押して野菜を密着させる(ゼリー液が多少あふれる)。

12 バットに氷水を入れ、蓋の上に缶詰などの重しをのせて1時間ほど冷やす。重しをのせたまま冷蔵庫で1日冷やし固める。

13 型からアルミ箔をつまんでテリーヌを引き上げる。アルミ箔の上から包丁で幅2cmに切り分け、アルミ箔とラップをはずして器に盛る。

ソースを添えるなら

酸味のきいた爽やかなサワークリームを。また、型詰めして残ったゼリー液を冷蔵庫に入れておき、常温に戻してかけてもおいしい。

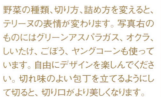

野菜の種類、切り方、詰め方を変えると、テリーヌの表情が変わります。写真右のものにはグリーンアスパラガス、オクラ、しいたけ、ごぼう、ヤングコーンも使っています。自由にデザインを楽しんでください。切れ味のよい包丁を立てるようにして切ると、切り口がより美しくなります。

作りおきできるオードヴル

持ち寄り会やおもてなしにおすすめ。オーブンで焼いたり、油で炒め煮にしたり、マリネ液に漬けたりと、野菜の水分をほどよく抜いておいしくさせる野菜料理は日持ちがよく、前もって準備できて重宝します。ご紹介する料理は時間をおくことで味がなじみ、おいしさもアップするすぐれもの。そのまま食べるのはもちろん、他の料理にもアレンジできます。

材料 ●作りやすい分量

にんじん……½本
黄にんじん……½本
大根……80g
紅芯大根……80g
セロリ……½本
カリフラワー……100g
パプリカ（赤、黄）……各½個
ペコロス（小玉ねぎ）……6個
エシャロット（ベルギーエシャロット）……60g
かぶ……小1個
ミニきゅうり……6本
みょうが……5個

マリネ液
　水……1.5リットル
　塩……35g
　米酢（または白ワインヴィネガー）……65mℓ
　砂糖……40g
　にんにく……1かけ
　コリアンダーシード……小さじ⅔
　黒粒こしょう……小さじ⅔
　ローリエ……1枚
　赤唐辛子……1本

白こしょう、E.V.オリーブ油

・急冷用の氷水

野菜の淡味マリネ

ピクルスと違って酸っぱすぎず、甘すぎず、さっぱりしているからたくさん食べられるマリネ。フレッシュ感のあるマリネにするために、火を入れすぎないようにします。ミニきゅうりは熱いマリネ液に入れると緑色が退色し、みょうがは風味も歯ごたえも落ちるので、マリネ液が冷えたところで加えます。

こんな野菜でも／ごぼう、れんこん、白菜、キャベツ、小松菜、菜の花、ゆでたけのこ、厚めのしいたけ。
特に用意する道具／たくさんの量を仕込める大きめの深鍋と急冷用ボウル。
食べどき／一晩以上おいて味を含ませてから。
アレンジ／塩と酢を多めにすればピクルスに。
日持ち／冷蔵庫で1週間。

下準備
- にんじん、黄にんじんは厚さ1cmの輪切りにする。
- 大根、紅芯大根は厚さ1cmの輪切りにし、それを6等分する。
- セロリは長さ4cmに切り、縦に半割に。
- カリフラワーは小房に切り分ける。
- パプリカは縦に4等分して種子を除き、一口大の三角形に切る。
- ペコロスは皮をむき、縦半分に切る。
- エシャロットは厚さ6mmの輪切りにする。
- かぶは8等分のくし形切り。
- ミニきゅうりはイボをこそげ取り、へたを切り落として半分の長さに切る。
- みょうがは縦に半分に切る。

1 深鍋にマリネ液の材料をすべて入れ、強火で沸騰させる。味をみて必要ならととのえる。にんじん、黄にんじん、大根を入れてゆでる。2分後に紅芯大根、その1分後にセロリ、カリフラワー、パプリカ、ペコロス、エシャロット、その1分後にかぶを入れ、すぐに火を止める。

2 底に氷水を当てたボウルに移して「ストップ急冷」をし、余熱で火が入るのを防ぐ。十分に冷えたらミニきゅうりとみょうがを加え、一晩以上寝かせる。

3 器に盛りつけ、白こしょうをふり、E.V.オリーブ油をかける。

野菜はいろいろな種類をほぼ同じ体積比で。異質なものが集まるなかでそれぞれが個性を発揮して、元気で愉しい顔をしている野菜たちです。

材料 ●4人分
トマト……2個
にんにく（みじん切り）……小さじ1
オレガノ（ドライ）……適量
タイム……6枝
塩、白こしょう、E.V.オリーブ油

オーブン／150℃に予熱。天板にクッキングシートを敷いておく。
食べどき／常温に冷めたときか、冷やしても。
アレンジ／トマトを2cm近くの厚さに切っても。ボリューム感が出て旨みのインパクトが強くなる。
日持ち／密閉容器に入れ、冷蔵庫で5日間。オリーブ油で覆って空気を遮断すれば2週間。

作り方
1. トマトを皮つきのまま、厚さ1.5cmの輪切りにする（a）。クッキングシートを敷いた天板に重ならないように並べる。
2. 塩、白こしょう、にんにくをまぶし、オレガノとタイムを散らす。E.V.オリーブ油をまんべんなくかける（b）。
3. 140℃のオーブンで1時間から1時間半焼き、ほどよく水分を抜く（c）。

トマトコンフィ

トマトを低温のオーブンで時間をかけてゆっくり脱水させ、おいしさを高める料理です。脱水の目的は味の濃縮。上にのせたにんにくやハーブやオリーブ油の風味をしみ込ませながら、トマトの味を濃縮していきます。そのままオードヴルにもなりますし、写真のようにブルスケッタ（バゲットのガーリックトースト）にのせれば見栄えも味もよし。

> 野菜の持っている水分をいかに抜くか、どこまで抜くか。段階により、味わいも香りも刻々と変化します。

●トマトコンフィのブルスケッタ
簡単で美味！ トーストしたバゲットに半分に切ったにんにくの切り口をすりつけてオリーブ油をたらし、トマトコンフィをのせます。トマトは2、3等分に切って盛ると食べやすいです。

ペペロナータ

パプリカの炒め煮です。重ならないように広口鍋を使い、「皮にしわが寄る」くらいまで火を入れて甘みを出します。柔らかくて味がよくて、そのままでもおいしいし、いろんな素材にも組み合わせられます。白身魚と組み合わせれば美しいカルパッチョに。

材料 ●3～4人分

パプリカ(赤)……3個
にんにく(つぶしたもの)……2かけ
タイム……1枝
E.V.オリーブ油、塩

パプリカ／赤が、いちばん味が濃厚で皮もむきやすい。まるごと直火焼きして皮を焦がし、氷水に落として皮をむいてもよい。そのあとで切り分けて炒める。

食べどき／作りたてでも、油となじんでからでも。

楽しみ方／カッテージチーズとE.V.オリーブ油をかけるだけでも美味。パスタや煮込みの隠し味にも。

日持ち／ラップをかぶせるか密閉容器に入れて冷蔵庫で2～3日。オリーブ油で覆って空気を遮断すれば2週間。

作り方

1. パプリカは縦に切ってへた、種子、白いワタを除く。横半分に切ってさらに縦4等分くらいにする。
2. 広口鍋にE.V.オリーブ油を多めにひき、にんにくとタイムを入れて中火にかけ、香りを立たせる。パプリカを加え、塩をふって弱火にし、軽く炒める（**a**）。
3. 水（分量外）を高さ5mmほど注ぎ入れ、蓋をして、途中でときどきかき混ぜながら20分ほど火を入れる（**b**）。できるだけ皮側を鍋にあて、水分が抜けてしんなりとすればよい。
4. 常温に冷ましてから皮をむく（**c**）。すぐに調理したい場合は、氷水をあてたバットに広げて冷やす。

> 隠し味としてもあらゆる料理を
> おいしくしてくれるすぐれものですよ。
> もう天然の野菜調味料と言ってもいい。
> 身が崩れそうになるまで
> じっくり火を入れるのがミソです。

● 鯛とペペロナータのカルパッチョ

鯛などの白身魚の切り身とペペロナータを平らに敷きつめてカルパッチョに。塩、白こしょう、E.V.オリーブ油で味をつけます。味のバランスがよく、彩りもきれいです。

なすのバルサミコ酢マリネ

なすとバルサミコ酢は相性が抜群。トロッとして甘酸っぱい、なす料理です。鮮やかな皮の藍色も食欲をそそります。なすを炒めるときに油が少ないと、なすが全部の油を吸収して味をぼかしてしまいます。多めの油で、揚げるように炒めたほうが余分な油を吸いません。

材料 ● 3〜6人分

- なす……3本（300g）
- バルサミコ酢……80mℓ
- にんにく（つぶしたもの）……2かけ
- 赤唐辛子……1本
- ローズマリー……1枝
- ピュアオリーブ油……100mℓ
- 砂糖……大さじ1
- 塩……ふたつまみ

セミドライトマト（なくてもよい）……適量

なす／種類はなんでもよい。
バルサミコ酢／濃度の薄い安価なもので十分。
食べどき／冷まして味を含ませてから。
楽しみ方／ワインのおつまみやつけ合わせに。
日持ち／ラップをかぶせるか密閉容器に入れて冷蔵庫で2〜3日。オリーブ油で覆って空気を遮断すれば1週間。冷凍保存も可。

作り方

1. なすを皮つきのまま長さ3cmに切り、さらに縦6等分の放射状に切る。細い部分は4等分、太い部分は8等分などにして大きさを揃える。夏のなすは皮が硬く、棒切りでは皮が口に残るので厚さ5mmの輪切りにする。
2. フライパンにピュアオリーブ油、赤唐辛子、にんにく、ローズマリーを入れて中火にかけ、油に香りを移す。なすを加えて強火にし、5分ほど揚げるように炒める。ときどき混ぜ返し、なすの水分が抜けるまで火を入れる（**a**）。
3. 塩と砂糖を加えてよく混ぜ、バルサミコ酢を加えて煮詰める。なすがバルサミコ酢を吸って、周りに透明な油だけが残ったら（**b**）、火からはずして粗熱をとる。
4. 容器に移して冷蔵庫で冷やし、味を含ませる。セミドライトマトとともに皿に盛る。

a

b

もともと油を多く使っているので日持ちのよい料理です。冷蔵保存するうちに味もよくなじんできます。

何度でも作りたくなるおいしさ。
思い切って多めの油でよく炒めて、
しっかりとなすの「水分を抜く」ことがおいしさのカギ。

5章

いつでもスープ

野菜の香り重視でいくか
ほっとする味わい重視でいくか。
「こつ」がわかると
作りわけも楽しめます。

シンプルスープ

スープ作りの基本

ブイヨンに頼らなくても、水だけで十分おいしい。
野菜の滋味をストレートに感じる
スープを作りましょう。

水と野菜だけを信じてください。だし汁は基本的に使いません。やたらなうまみの足し算は、「おいしい錯覚」を起こさせるだけ。素材の味や香りをぼかしてしまうことになりかねません。クリアな水に、フレッシュな野菜のおいしさを移し、ゆで汁ごとスープにします。ブイヨンに頼らなくても、いや頼らないからこそ、野菜の生命力を感じるおいしいスープになります。

ベースになる水は「おいしい水」を。浄水器を通したものか、国産のミネラルウォーターが鉄則です。軟水のほうが野菜の味を引き出しやすいように思います。

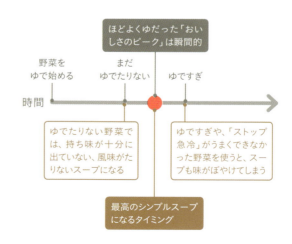

スープ作りでも
「おいしくゆでる＋ストップ急冷」が基本。

野菜をいちばんおいしく食べられるところまでゆでて、それをゆで汁ごとミキサーにかけ、「ストップ急冷」をします。これがシンプルスープの基本プロセス。ブイヨンを使わないだけに、「コクうま」に慣れた舌に満足してもらえる味を作るのは、案外むずかしいんです。ひとつひとつの工程でしっかり野菜のおいしさを引き出し、それを失わないようにしていくのがコツです。

- **ポイントは「濃度」。**
  野菜に対して、適量のゆで汁。
- **野菜の風味が最高になる瞬間で**
  ゆで上げる。
- **すぐにミキサーにかけ、**
  「ストップ急冷」をする。

とくに濃度は肝心です。野菜の味は繊細なので、少しでも薄いと味気ないものになってしまいます。ゆでるとき、ミキサーにかけるとき、いずれのときも水分量には慎重になってください。迷ったら濃いめに。あとで薄めることはできますが、逆は無理なので。

ミキサーにかけて「ストップ急冷」をするまでは、とにかくスピードが勝負です。おいしく野菜をゆで上げても、もたもたしていると色も風味も変質します。「ゆで野菜」作り同様、急冷セットを用意してから始めてください。

スープの温めは一度きり。

急冷して仕上げたスープを温製で食べるときは、鍋に移して「弱めの中火」を保ちながら温めます。縁や底が焦げつかないように、ゆっくりかき混ぜてくださいね。そして温まったらすぐに火をとめます。必要以上に加熱したり、2回以上温め直すと色も風味もくすむので、温めるのは1回限り。せっかくぴったりゆで上げたおいしさがとんでいかないように。温めは電子レンジでも可。

一見、頼りなげなふたつの白い野菜。しかし、ふたつを合わせ、水でゆでてピュレにするだけで、驚くほどおいしいスープができます。白いもの同士で作る「白の味の融和」。やさしいスープのなかに、繊細なふたつの風味が美しく溶け合っています。目をつむって味わってください。白の味を。

かぶとカリフラワーのスープ

材料 ● 2〜3人分

かぶ……正味100g（小2〜3個）
カリフラワー……正味100g（小½個）
牛乳……50ml
生クリーム……25ml
水……ひたひたの量
塩、黒こしょう、E.V.オリーブ油

・急冷用の氷水

食べ方／冷製、温製のどちらもおいしい。2回以上温め直すと色がくすむので、温めるのは1回まで。

1. かぶは皮つきのまま縦2等分にし、厚さ7mmの薄切りにする。カリフラワーは小房に分ける。

2. 鍋にかぶとカリフラワーを入れ、水をひたひたに注いで塩小さじ½を入れる。

3. 強火にかけ、沸いたらアクをすくって中火にする。野菜をスプーンで簡単につぶせる柔らかさまで煮る（沸いてから10分弱）。

4. ゆで汁とともにミキサーに入れてなめらかになるまで回す。最初はゆで汁を少なめに入れて回し、ドロッとした濃度のピュレになるように様子をみながらゆで汁を加えていくと失敗が少ない。

5. こし器でこしてボウルに移し、底に氷水をあてて混ぜながら「ストップ急冷」をする。よく冷えたら牛乳と生クリームを加え混ぜ、塩で味をととのえる。

6. 温めて食べるときは、p.109を参照。器にスープを注ぎ、黒こしょうをふり、E.V.オリーブ油をたらす。

大切なのは濃度。ミキサーにかける際にゆで汁を入れすぎると、シャバシャバになって風味も薄くなってしまいます。
最初は少なめのゆで汁を入れ、
ミキサーを回し、濃度を確認してから増やせば失敗がありません。

シンプルスープのバリエーション

旬の野菜1、2種でいろいろなシンプルスープを作ることができます。p.8〜10を参照して、ゆでてミキサーにかけて「ストップ急冷」をします。温かく食べるときもp.109を参照してください。

いずれのスープも、盛りつけてから好みでE.V.オリーブ油を回しかけてください。

めざすスープの「おいしい濃度」

濃度が重要なシンプルスープは、さらに言うと野菜によって「おいしい濃度」が異なります。ミキサーにかける際、ゆで汁の量で加減して、めざす濃度に近づけてください。

やや薄め　トロッの濃度…グリーンピースのスープ／とうもろこしのスープ
　　　　　トロトロの濃度…トマトと玉ねぎのスープ／にんじんとパプリカのスープ
　　　　　　　　　　　　　グリーンアスパラガスのスープ
　　　　　ドロッの濃度…玉ねぎのスープ／かぶとカリフラワーのスープ
濃いめ　　ドロリの濃度…かぼちゃのスープ／ごぼうのスープ

グリーンピースのスープ

文字通りグリーンピースと水だけで作ります。
色も香りも味も、青々しさがいっぱいです。

材料 ●3人分

グリーンピース……280g（2カップ）
水……適量
塩

・急冷用の氷水

グリーンピース／冷凍品も可。水洗いして霜を溶かしてから使う。
食べ方／冷製、温製のどちらもおいしい。

作り方

1 塩水（スープとして飲んでおいしい塩加減）を作り、鍋にグリーンピースを入れて「ひたひた強」に塩水を注ぐ。強火にかけて、沸騰したらアクをすくい、弱火にする。柔らかくなるまで約15分ゆでる（冷凍品の場合は約5分）。
2 ミキサーで攪拌し、こし器に入れて強く押しながらボウルに移す。
3 ボウルの底に氷水をあてて、混ぜながら「ストップ急冷」をする。塩で味をととのえる。

トマトと玉ねぎのスープ

トマトに火を入れず、フレッシュの酸味やコクを生かしたレシピ。
じっくり炒めた玉ねぎでうまみ、甘みを補います。
トマトは丸ごとの風味を生かしたいので皮つきで。

材料 ●3人分

トマト……600g（3個）
玉ねぎ（薄切り）……100g（½個分）
サラダ油……大さじ1
コリアンダー（粗びき）
塩

・急冷用の氷水

食べ方／よく冷やして。温めるとおいしさが半減するので冷製のみで。

作り方

1 トマトは皮つきのままざく切りにする。
2 玉ねぎを弱火のサラダ油で炒め、塩をふる。油が回ったらごく弱火にして蓋をする。ときどき混ぜながら、25分ほどかけて甘みを引き出す。
3 トマトと炒めた玉ねぎをミキサーにかけ、こし器でこしてボウルに移す。
4 ボウルの底に氷水をあて、混ぜながら「ストップ急冷」をする。塩で味をととのえる。器に盛り、コリアンダーをふる。

とうもろこしのスープ

とうもろこしは早く火が入るので、ゆですぎに注意します。
火入れがジャストであればフレッシュ感のあるスープに。
濃度を濃くしすぎないこともポイントです。

材料 ●3人分

とうもろこし …… 正味350g（2本分）
水 …… 適量
塩、E.V.オリーブ油

・急冷用の氷水

食べ方／冷製、温製のどちらもおいしい。

作り方

1 とうもろこしから実をはずす（p.75）。塩水（スープとして飲んでおいしい塩加減）を作り、鍋にとうもろこしを入れ、「ひたひた強」に塩水を注ぐ。強火にかけて、沸騰したらアクをすくい、弱火にする。柔らかくなるまで6〜7分ゆでる。
2 ミキサーにかけてなめらかなピュレにし、こし器に入れて強く押しながらボウルに移す。
3 ボウルの底に氷水をあてて、混ぜながら「ストップ急冷」をする。塩で味をととのえてよく混ぜる。
4 器に盛りつけ、E.V.オリーブ油を回しかける。

新玉ねぎのスープ

新玉ねぎだけでもおいしいスープが作れます。
蓋をして半ば蒸すように炒めること25分。
この工程がスープのおいしさを決定づけます。

材料 ●3人分

新玉ねぎ（薄切り）
　…… 300g（1½個分）
サラダ油 …… 大さじ1
水 …… ひたひた強の量
牛乳 …… 60ml
生クリーム …… 30ml
塩、白こしょう、E.V.オリーブ油

・急冷用の氷水

食べ方／冷製、温製のどちらもおいしい。

作り方

1 鍋にサラダ油をひき、新玉ねぎを弱火で炒め始め、塩小さじ½をふる。油が回ったら「ごく弱火」にして蓋をする。ときどき混ぜながら、25分ほどかけて甘みを引き出す。
2 水を「ひたひた強」に入れ、強火にして沸騰させる。アクを取り、弱火にして1分煮る。
3 ミキサーにかけてなめらかにし、こし器でこしてボウルに移す。
4 ボウルの底に氷水をあてて、混ぜながら「ストップ急冷」をする。生クリーム、牛乳を加え、塩で味をととのえてよく混ぜる。
5 器に盛りつけ、E.V.オリーブ油を回しかけ、白こしょうをふる。

かぼちゃのスープ

かぼちゃは個体差が大きいので、
素材選びがものをいいます。
甘みとうまみの濃いかぼちゃで作れば、大満足のスープです。

材料 ●3人分

かぼちゃ（厚さ3mmの薄切り）
　　……正味200g（約¼個分）
玉ねぎ（薄切り）……50g（¼個分）
サラダ油……大さじ1
水……ひたひた強の量
牛乳……60mℓ
生クリーム……30mℓ
塩
・急冷用の氷水

食べ方／冷製、温製のどちらもおいしい。

作り方

1. 鍋にサラダ油をひき、玉ねぎを入れて塩ひとつまみをふり、弱火で炒める。油が回ったら「ごく弱火」にし、玉ねぎに汗をかかせるように水分を出して、ゆっくりと火を入れる。
2. 玉ねぎがしんなりとしたらかぼちゃを入れ、「ひたひた強」の水を注ぎ、強火にして沸騰させる。アクを取り、弱火にして柔らかくなるまで7〜8分煮る。
3. ミキサーにかけてなめらかなピュレにし、こし器でこしてボウルに移す。
4. ボウルの底に氷水をあてて、混ぜながら「ストップ急冷」をする。生クリーム、牛乳を加え、塩（約小さじ½）で味をととのえる。

ごぼうのスープ

ごぼうのスープは最近の人気の品。
独特の土臭さがおいしさです。これだけはだしのうまみが
あると生き生きとするので、ブイヨンまたは昆布だしで。

材料 ●3〜4人分

ごぼう（太く長いもの）……150g（1本分）
玉ねぎ（薄切り）……50g（¼個分）
ベーコン（棒切り）……25g
サラダ油……大さじ1
ブイヨン（作り方 p.157）
　　……ひたひた強の量+α
牛乳……60mℓ
生クリーム……30mℓ
塩
・急冷用の氷水

ブイヨン／水と昆布（3〜4cm四方を1枚）を使った和風だしでもよい。
食べ方／冷製、温製のどちらもおいしい。

作り方

1. ごぼうをタワシでこすり洗いをし、皮つきで幅1cmの輪切りにする。
2. 鍋にサラダ油をひき、ごぼう、玉ねぎ、ベーコンを強めの中火で炒める。塩ひとつまみをふり、ごぼうの香りが立ってくるまで3〜4分ほど炒める。
3. ブイヨンを注ぎ、強火にして沸騰させる。アクを取り、弱火にして柔らかくなるまで25分ほど煮る。その間に水分がたりなくなれば適量のブイヨンまたは水を加える。
4. ミキサーにかけてなめらかにし、こし器でこしてボウルに移す。
5. ボウルの底に氷水をあてて、混ぜながら「ストップ急冷」をする。生クリーム、牛乳を加え、塩で味をととのえてよく混ぜる。

にんじんとパプリカのスープ

ふたつの赤い野菜を同割で組み合わせます。
うまみ出しの玉ねぎも少々。にんじんと好相性の定番スパイス、
クミンシードで風味を高めます。

材料 ●3人分

にんじん（薄切り）
　……正味100g（2/3本分）
パプリカ（赤。薄切り）
　……正味100g（2/3個分）
玉ねぎ（薄切り）……100g（1/2個分）
サラダ油……大さじ2
水……ひたひた強の量＋α
クミンシード、または
　コリアンダー（パウダー）
　……小さじ1/8
塩、E.V.オリーブ油

・急冷用の氷水

食べ方／冷製、温製のどちらもおいしい。
アレンジ／最後に生クリームを少量混ぜてもおいしい。

作り方

1 鍋にサラダ油をひき、にんじん、パプリカ、玉ねぎを中火で炒める。油が回ってしんなりしてきたらクミンシード（またはコリアンダー）と塩をふり、「ごく弱火」にして蓋をする。ときどき混ぜながら、12〜13分かけて野菜の甘みを引き出す。

2 水を加え、強火にして沸騰させる。アクを取り、弱火にして3〜4分煮る。最後まで「ひたひた強」の水分があるよう適宜水をたす。

3 ミキサーにかけてなめらかにし、こし器でこしてボウルに移す。

4 ボウルの底に氷水をあてて、混ぜながら「ストップ急冷」をする。塩で味をととのえ、器に盛りつけ、E.V.オリーブ油を回しかける。

グリーンアスパラガスのスープ

グリーンの皮をむくとせっかくの香りと色が失せるので、
むかずに調理します。水でゆでるだけで、
風味豊かなスープが楽しめます。

材料 ●スープカップ2人分

グリーンアスパラガス（太いもの）……180g（6本分）
水……ひたひた強の量
塩、E.V.オリーブ油

・急冷用の氷水

食べ方／冷製、温製のどちらもおいしい。
アレンジ／最後に生クリームを少量混ぜてもおいしい。

作り方

1 グリーンアスパラガスの根元を1cmほど切り落とす。三角形のハカマも皮むき器で取る。厚さ2mmの斜め切りにする。

2 スープとほぼ同じ塩分濃度の塩水（0.8％前後）を鍋に作り、アスパラガスを入れ、「ひたひた強」になるよう塩水を加減する。強火にかけて、沸騰したらアクをすくい、弱火にする。柔らかくなるまで5分ゆでる。

3 ミキサーにかけてなめらかにし、こし器に入れて強く押しながらボウルに移す。

4 ボウルの底に氷水をあてて、混ぜながら「ストップ急冷」をする。塩で味をととのえてよく混ぜる。

5 器に盛りつけ、E.V.オリーブ油を回しかける。

煮込んでおいしいスープ

基本のミネストローネ

ミネストローネ

野菜のごった煮風イタリアンスープです。個々の野菜の味を生かすのではなく、一体となった「野菜味」を作るものです。全員の総合力で勝負する、ですね。ここでは短時間で煮て野菜の形を残す〈基本のミネストローネ〉と、同じ材料をさらに煮込んで形を崩し、うまみを凝縮させる〈くたくたミネストローネ〉の2例を紹介します。

くたくたミネストローネ

全体がひとつにまとまった
野菜のほっとする味が魅力。
どこまで煮るかは好みでいいんです。

野菜1、2種類で作る爽やかなシンプルスープと対照的なのが、いろいろな野菜を取り合わせた煮込み風スープ。ごった煮ならではの掛け合わせの味が魅力です。時間をかけて煮るため、香りは抜けていきますが、味が凝縮し、うまみ、甘みが強まって、最初はバラバラだった味がひとつにまとまっていきます。「味」に重きをおくスープです。

このスープには煮上がりのタイミングに決まりがありません。どこで調理をストップしても、それぞれに違ったおいしさがあります。煮込めば煮込むほど、野菜の尖った味が消え、ほっと落ち着く味になっていきます。

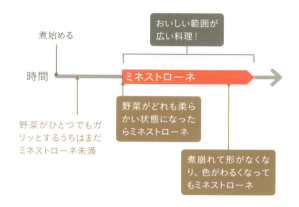

煮始める／時間／野菜がひとつでもガリッとするうちはまだミネストローネ未満／おいしい範囲が広い料理！／ミネストローネ／野菜がどれも柔らかい状態になったらミネストローネ／煮崩れて形がなくなり、色がわるくなってもミネストローネ

基本のミネストローネ

野菜、豆、パスタ、麦を水で30～40分煮込みます。野菜の角が崩れかける浅い煮加減で、野菜ごろごろのごった煮感を残します。

材料 ●5〜6人分

玉ねぎ……130g
にんじん……150g
セロリ……55g
ズッキーニ……130g
パプリカ（赤と黄を合わせて）……110g
なす……120g
キャベツ……85g
マッシュルーム……4個
ミニトマト……3個
にんにく（輪切り）……10g
白いんげん豆（水煮、または乾燥品30gを水で半日もどす）
　……70g
丸麦（乾燥）……10g
パスタ（下記参照）……20g
ピュアオリーブ油……大さじ2
水……適量
塩

E.V.オリーブ油、黒こしょう

パスタ／好みのショートパスタか、細身のロングパスタを短く折って使う。
食べどき／できたてでも、1日おいてなじませてからでも。

2つのミネストローネに共通する野菜の下準備・使い方

●丸麦を水に浸して1時間ほどおき、薄塩の湯で15分ほど下ゆでする。
●野菜が小さすぎるとピュレ状のスープのようになるので、1〜1.5cm大は確保する。玉ねぎ、ズッキーニ、パプリカ、なすは1〜1.5cmの角切りにする。にんじんは1〜1.5cm大で2mm厚さの薄切りにする。セロリは厚さ5mmの輪切り、キャベツは1〜2cmの色紙切り、マッシュルームは4等分、ミニトマトは2等分にする。
●トマトは風味が強いので、量が多いとトマトスープのようになる。少量を最後に加えて、形が崩れないように軽く煮る。
●じゃがいもを入れてもよいが、形を残したほうがおいしいので、加えるなら基本のミネストローネのみに。くたくたタイプでは完全に溶けてしまう。
●野菜の量が多いので、炒める際に鍋の中で蒸し煮状態になり、うまみを含んだ野菜のエキスが出てくる。この水分を利用して、軽くしんなりする程度に炒める。

「基本のミネストローネ」の作り方

1 鍋にピュアオリーブ油とにんにくを入れ、中火にかけて温めながら香りを出す。

2 玉ねぎ、にんじん、セロリ、ズッキーニ、パプリカ、なすを入れて炒める。野菜全体に油が回るまで、よく混ぜながら炒め合わせる。途中で塩小さじ1/3ほどをふる。

3 水を野菜に対して「ひたひた強」まで注ぎ、強火にして煮立たせる。

4 白いんげん豆と丸麦を入れ、アクが出てきたら除く。20分ほど煮込む。途中で水分が「ひたひた強」より少なくなれば適宜水を補って「ひたひた強」を保つ。またアクも取る(5、6の工程でも同様に)。

5 キャベツとマッシュルームを入れて2分ほど煮る。塩で味をととのえる。

6 パスタを加え、柔らかくなるまで20分ほど煮る。ミニトマトを加えて2分ほど煮て火を止める。野菜の色がきれいに残り、野菜片の角が崩れかかるくらいが目安。

7 器に盛り、E.V.オリーブ油をかけ、黒こしょうをふる。

いちばん大切なのは野菜量に対する水分量。
「ひたひた強」という黄金比率を最後まで維持して煮てください。
煮つまれば水を加えてひたひた強に戻す──
これをくり返して野菜をひとつの味にまとめていきます。

くたくたミネストローネ

でき上がった「基本のミネストローネ」をさらに1時間半ほどかけ、野菜が煮崩れてどろっとした濃度が出てくるまで煮込みます。
材料は、ホールトマトとほうれん草を加えるだけ。これらは煮上がり直前に入れて、あまり火を入れないようにします。

材料 ●5〜6人分

「基本のミネストローネ」(p.117)と共通

それに加えて
ほうれん草（長さ2cmのざく切り）……55g
ホールトマト（缶詰）……200g
塩、黒こしょう
E.V.オリーブ油
パルミジャーノチーズ（粉末）

1 「基本のミネストローネ」の作り方の1〜6と同様に作る。

2 そのまま、弱火で1時間半近くかけて煮る。

3 ホールトマトを加え、温まるまで煮る。トマトが入った分の水を加えてのばし、ほうれん草を加え、軽く煮て塩で味をととのえる。

4 器に盛り、E.V.オリーブ油をかけ、黒こしょう、パルミジャーノチーズをふる。

スープ・ペイザンヌ

フランスの農村や山岳地帯で食べられている家庭料理です。短時間で手軽にでき、心も体も温まるホッとするスープ。料理名の「ペイザンヌ」は拍子木切り、またキャベツの色紙切りなどの切り方で、このように切った野菜で作るのが基本です。豆やそば粉のすいとんなどを入れてもおいしいです。私には、暖炉で焼いたチーズとともにこのスープを頬張る農村の子どもたちの輝く笑顔が思い出される一品です。

スープは濁っているか透明かで
味の出方が違います。
じゃがいもが煮崩れる手前ギリギリのところで
火を止めましょう。そこがおいしいサイン。

材料 ●5〜6人分

玉ねぎ……130g
にんじん……110g
じゃがいも……200g
キャベツ……130g
にんにく（輪切り）……1かけ分
ベーコン（棒切り）……60g
コリアンダーシード……6粒
ローリエ……1枚
水……ひたひた強の量
サラダ油、塩、白こしょう
黒こしょう、E.V.オリーブ油

食べどき／作りたてのあつあつを。数日間の冷蔵保存も可。じゃがいもが煮崩れるので温め直しはレンジで。
アレンジ❶／トマトを入れてもよい。ただし入れすぎるとトマトスープになるので、1人分角切り3〜4個を煮上がり直前に入れ、少し崩れかけるくらいで止める。
アレンジ❷／白いんげん豆（水煮）など豆を加えてもおいしい。

1 玉ねぎは厚さ1cmのくし形切り、にんじんとじゃがいもは3〜4cm大の厚さ3〜4mmの薄切りにする。キャベツも3〜4cm四方に切る。

2 鍋にサラダ油、にんにく、ベーコンを入れて中火にかける。鍋が熱くなってきたら弱火にし、ベーコンの脂が溶け出してちぢんでくるまで炒める。

3 玉ねぎとにんじん、コリアンダーを加えて炒める。色づけないよう、油が回る程度に炒める。

4 水を「ひたひた強」に注ぎ、強火にして沸騰させ、アクを除く。ローリエ、塩小さじ1/3を入れ5分煮る。

5 じゃがいもとキャベツを入れ、再び強火にして沸騰させ、アクが浮いたら除く。弱火にして6〜7分煮る。じゃがいもが煮崩れない程度の柔らかさになるまで煮る。

6 最後に塩、白こしょうで味をととのえる。器に盛り、E.V.オリーブ油を回しかけ、黒こしょうをふる。

スープバラエティ

エジプトをはじめとする北アフリカでポピュラーなスープです。モロヘイヤは栄養価が非常に高く、葉を刻むと粘りが出て、スープに仕立てるととろみとなって味わいが高まるところに醍醐味があります。当地では半月形のチョッパーで丹念に刻んでいましたが、しっかり刻んで粘りを出すことがいちばん大事だと教わりました。たっぷりのモロヘイヤを使って、あつあつを楽しんでください。

モロヘイヤのスープ

材料 ●3〜4人分

モロヘイヤ……100g
にんにく（みじん切り）……30g
クミンシード……小さじ1½（3g）
ピュアオリーブ油……大さじ1
ブイヨン（作り方p.157）……400mℓ
塩

ブイヨン／水ではうまみがたりないのでこのスープにはブイヨンが必須。顆粒やペーストなどのスープの素を利用してもよい。
食べどき／作りたてのあつあつを。

1 モロヘイヤの軸を除き、葉を包丁で細かく刻む。

3 にんにくがうっすらと色づき始めたらモロヘイヤを入れ、1分弱ほど炒め合わせる。

2 鍋にピュアオリーブ油とにんにく、クミンシードを入れて中火にかけ、炒める。

4 モロヘイヤに油が回ったら、ブイヨンを入れる。強火にして沸騰させてアクを取り、弱火にして数分煮る。塩で味をととのえる。

ナイル川のクルーズ船で一夜限りの料理フェアをしたとき、
ヘルプのエジプト人シェフが教えてくれた
当地仕込みのスープ。
日本の味噌汁のような身近な料理なんだそうです。

スペインの南、アンダルシア地方発祥の生野菜スープです。燦々と日差しの降り注ぐ暑い夏にぴったりの、すがすがしく爽やかな味わい。作り方は生の野菜をミキサーで回すだけです。ポイントはただ一つ、野菜の配合のバランス。何かが出っ張るとたちまち味が壊れてしまいます。甘み、苦み、辛み、酸味、香り……それが何からもたらされているのかを考えながら、味のバランスのとり方を覚えてください。赤と緑、2つのガスパチョをどうぞ。

ガスパチョ

すいか、メロン、チェリーなどの
フルーツを入れても味に深みが増します。
バランスがわかってきたらぜひオリジナルの配合を。
自分のほうがおいしい！と得意になってください。

赤のガスパチョ

材料 ●3～4人分

トマト（完熟でも、青いものでもよい）……400g（2個）
きゅうり（皮をむく）……正味45g
セロリ……20g
玉ねぎ（芯に近い部分のみ使う）……正味30g
パプリカ（赤。皮をむく）……正味30g
にんにく……2g
赤ワインヴィネガー……小さじ2
E.V.オリーブ油……大さじ1 2/3
バルサミコ酢……小さじ1
塩……4g
バゲット、または食パン……20g

野菜のトッピング（作り方は右記）
E.V.オリーブ油

・急冷用の氷水

玉ねぎ／皮に近いところは辛み、えぐみが強いので、芯に近いマイルドな部分を使う。芽があれば取り除く。
きゅうりとパプリカ／きゅうりの皮はえぐみがあり、パプリカの皮はミキサーにかけても残るので必ずむく。
食べどき／作った翌日。当日は生にんにくの刺激が強いので1日やすませる。

1. すべての野菜をざく切りにし、パンは小さくちぎる。ミキサーに入れ、調味料も加える。

2. 野菜の粒が見えなくなるまで十分に回す。

3. ボウルに移し、底に氷水をあてて混ぜながら冷やす。別容器に移して冷蔵庫で1日やすませる。

4. 器にガスパチョを注ぎ、野菜のトッピングをのせる。E.V.オリーブ油を回しかける。

● **野菜のトッピング**

ガスパチョに使う野菜を数種類、細かく刻んでトッピングに。シャキッとした食感とみずみずしさがアクセントになり、ガスパチョがさらにおいしくなります。調味して時間をおくと野菜の水分が出るので、盛る直前にあえます。

材料 ●4人分

パプリカ（赤、黄。合わせてもどちらかでも）……20g
きゅうり……10g
玉ねぎ……10g
セロリ……10g
塩……ひとつまみ
白こしょう……少量
E.V.オリーブ油……2g

作り方

すべての野菜を5mm角に刻んで合わせ、塩、白こしょう、E.V.オリーブ油であえる。

緑のガスパチョ

本来は緑のトマトを使いますが、ここではきゅうり主体のレシピを。しそと梅干しを入れるときゅうりの青臭さが消え、味が締まります。作り方は「赤のガスパチョ」と同じです。

材料 ●3～4人分

きゅうり（皮をむく）……正味160g
玉ねぎ（芯に近い部分のみ）……正味15g
セロリ……25g
青じそ（軸を除く）……8枚
にんにく……1g
白ワインヴィネガー……小さじ2
バルサミコ酢……小さじ1
E.V.オリーブ油……大さじ3/4
水……80ml
塩……3g
梅干し……2～4g
バゲット、または食パン……20g

野菜のトッピング（上記参照。パプリカを除いて、きゅうり、玉ねぎ、セロリ各10gで作る）
E.V.オリーブ油

イタリアでもフランスでも豆のスープが人気です。とくに緑色をしたレンズ豆は味がよくて高級レストランでもよく使われます。玉ねぎの甘みとベーコンのうまみを補い、水だけで柔らかく煮ればレンズ豆のピュアな味わいが生かせます。玉ねぎは甘みのほか、豆のえぐみを隠してスープの味をまるくしてくれますよ。ミキサーにかけるときは濃度が薄くなりすぎないようゆで汁を心持ち少なめにし、最後に牛乳で調整すると安心です。

レンズ豆のスープ 水ゼリー添え

材料 ●5人分

緑レンズ豆（乾燥）……100g
玉ねぎ（薄切り）……45g（¼個）
ベーコン（短冊切り）……10g
水……適量
牛乳……100ml
生クリーム……20ml
サラダ油……大さじ½
塩
水ゼリー（作り方p.65。先に作っておく）
　……適量

・急冷用の氷水

緑レンズ豆／イタリア産かフランス産の緑色のもの。
牛乳と生クリーム／好みで増減してよい。
食べ方／よく冷やして冷製スープとして。温めてもおいしい。ただし、温製のときは水ゼリーなしで。

下準備
●水ゼリーを作って、冷蔵庫に入れておく。

1 鍋にサラダ油、ベーコンと玉ねぎを入れ、ごく弱火で炒める。玉ねぎをしんなりとさせて、甘みを引き出す。

2 レンズ豆を入れ、水を「ひたひた強」に注ぐ。塩小さじ½を入れて強火で沸騰させ、アクをすくう。弱火にして、水がつねに「ひたひた強」であるように適宜水を補いながらレンズ豆が柔らかくなるまで約25分煮る。

3 ゆで汁ごとレンズ豆をミキサーにかけてなめらかなピュレにする。あとで牛乳と生クリームを加えるので濃いめでよい。

4 こし器でこしてボウルに移す。底に氷水をあて、混ぜながら「ストップ急冷」をする。牛乳と生クリームでのばし、塩で味をととのえる。

5 器に注ぎ、水ゼリーをスプーンですくって落とす。

豆のスープは栄養価が高く、
疲労回復や美容に力を発揮してくれます。
ひよこ豆、白いんげん豆、金時豆でも
水でもどしてから、同じ作り方でおいしく作れますよ。

ヴィシソワーズ

冷製野菜スープの王様、ヴィシソワーズ。ブイヨンでうまみを担保して濃厚な生クリームでのばすのが王道ですが、あえて水だけでじゃがいものクリアな味わいを引き出し、生クリームと牛乳で割って爽やかに仕上げるレシピを作りました。手軽にできる「だしのゼリー」とともに、じゃがいものおいしさを味わってください。素朴で単調な味なので、セロリを入れて爽やかな香りを軽く漂わせ、洗練された大人の味わいにしています。

材料 ●3〜4人分

じゃがいも……300g
長ねぎ(白い部分)……50g
セロリ(芯の柔らかい部分)……25g
ピュアオリーブ油……大さじ2
水……適量
牛乳……80mℓ
生クリーム……20mℓ
塩

一番だしゼリー(作り方p.65。先に作っておく)……適量

・急冷用の氷水

食べ方／よく冷やして。

作り方

1. じゃがいもは皮をむき、厚さ2mmの薄切り、長ねぎは斜めに厚さ2mmの薄切り、セロリは小口から厚さ2mmの薄切りにする。
2. 鍋にピュアオリーブ油を入れて温め、ねぎを入れて香りを出す程度に弱火で炒める。色づけないようにする。じゃがいもを加えてひと混ぜし、油を回す(**a**)。
3. 水を「ひたひた」まで入れて塩小さじ½を加え、強火にして沸騰させる(**b**)。アクをすくう。
4. 弱火で10分ほど煮て(水分がひたひたより少なくなれば適宜水を加えてひたひた状態を維持する)、じゃがいもが崩れるほどに柔らかくなったらセロリを加えて1分煮る。
5. 4をミキサーでなめらかなピュレにし、シノワでこして氷水をあてたボウルに移して「ストップ急冷」をする(**c**)。
6. 牛乳と生クリームを加え、塩で味をととのえる。器に流し、だしゼリーをスプーンですくってのせる。

長ねぎの代わりにポワロー(リーキ)があれば理想。うまみが加わるので、さらにおいしくなりますよ。ねぎは切り方にも技あり。斜めに切れば断面が大きくとれ、風味がよく出ます。

黄ズッキーニはスープむき。
青臭さがなく、かぼちゃに似た甘い風味があります。

材料 ● 2〜3人分

黄ズッキーニ (厚さ1mmの薄切り)
　……200g
玉ねぎ (厚さ1mmの薄切り) ……50g
にんにく (薄切り) ……1/3かけ分
あさり (殻付き) ……200g
水 ……300mℓ
シェリー (なくてもよい) ……7mℓ
ピュアオリーブ油 ……大さじ1
塩、E.V.オリーブ油

アレンジ／あさりの代わりに、はまぐりやムールでもおいしい。
シェリー／香りづけに加えるが、ほかに白ワインでも。
食べ方／温製で。

作り方

1 にんにくと玉ねぎ、ピュアオリーブ油を鍋に入れ、中火で炒める。途中で弱火にし、香りが出て玉ねぎがしんなりしたらズッキーニを加えて炒める。途中で塩をふり、ズッキーニがしんなりするまで炒めてうまみを引き出す。

2 分量の水を注ぎ、あさりを入れて強火にして沸騰させる。アクを除き、中火にしてあさりの殻が開くまで火を入れる。シェリーをふって混ぜ、火を止める。

3 あさりの殻をはずし、浮き実用に身を1人3個ずつ取りおく。残りの身と野菜、煮汁をミキサーにかけてなめらかなピュレにする。

4 鍋に戻して温め直し、器に盛る。浮き実用のあさりをのせ、E.V.オリーブ油を回しかける。

黄ズッキーニのスープにあさりのうまみを補って作りました。貝には肉系のだしと異なる、すっきりとして、しかし濃いうまみが含まれています。野菜の風味を底上げする一例として考えたオリジナルスープ。あさりの身も野菜といっしょにミキサーにかけています。

黄ズッキーニとあさりのスープ

冷製しそスープ

しそと梅干しは、みなさんもよくご存じの好相性の組み合わせ。トマトのうまみと酸味を加え、水でのばして撹拌すると、さわやかなスープに変身します。身も心もリフレッシュするおいしさ。作りおくときれいな緑色が退色し、味も落ちるので、作ったらすぐに食べてくださいね。

材料 ●1人分

青じそ（アクの少ないタイプ。
　　　ハウス栽培など）……30枚
梅干し……3g
トマト……小さめ1/4個
冷水……115mℓ
塩

<u>食べどき</u>／作りたての冷たいものをすぐに。

作り方

1. 青じそは軸を除き（a）、葉のみをミキサーに入れる。その他の材料もすべて入れる。
2. ミキサーを回し、塩で味をととのえる。そのまま器に盛りつける。

暑い夏の日、食欲のない夏バテのとき、ぜひ作ってください。
少しの梅干しに、大量のしそをぜいたくに使うことで精気が蘇ります。

6章 野菜たっぷり一皿ごはん

一品作れば野菜もとれて
おなかいっぱいに。
さて何人でシェアしましょう。
分量は人数に合わせて調整を。

モロッコ、チュニジア、アルジェリアなどに住む北アフリカの先住民ベルベル人の伝統料理で、何千年も前から食べられてきた歴史のある煮込み料理です。いまでは中東やヨーロッパ諸国にも普及し、フランスには専門店もあるほど。デュラム小麦の粒でできた「スムール」に、野菜と肉、または魚介などがたっぷり入った煮込みをかけて食べます。「ごはんとカレー」のように、おいしさの方程式が完結しているため失敗の少ない料理です。

クスクス

材料 ● 3〜4人分

仔羊肉（肩ロース。牛肉でも）……350〜400g
玉ねぎ……1個
にんじん……1本
大根……100g
セロリ……½本
ズッキーニ……1本
パプリカ（赤）……½個
ピーマン……2個
じゃがいも……200g（2個）
さやいんげん……6本
トマト……300g（大1個）
白いんげん豆（乾燥）……20g
ひよこ豆（乾燥）……20g
にんにく（つぶしたもの）……3かけ
赤唐辛子……1本
クミンシード……小さじ¼
コリアンダー（パウダー）……大さじ1
ローリエ……1枚
水……1リットル
塩、白こしょう
ピュアオリーブ油

スムール（作り方p.135）……全量

テーブルに
アリッサ（作り方p.135。市販品でもよい）
コリアンダー（パウダー）、マスタード、粗塩

代用するなら／大根の代わりにかぶ。
白いんげん豆、ひよこ豆は、どちらか一方でもよい。水煮缶（各40〜50g）でもよい。
食べ方／本来は煮込みの具材と煮汁を一緒にスムールにかけるが、煮汁を別添えして好みの量をかけるのが合理的。煮汁が多いとスムールがどんどん水分を吸ってふやけてしまう。
食べどき／香りがよいのは作りたて。時間をおくと味がなじんでくる。スムールは作った当日。

下準備
● 白いんげん豆とひよこ豆は、水に半日以上つけてもどす。
● 仔羊肩ロース肉は4〜5cm大のぶつ切りにする。
● 玉ねぎは幅2cmのくし形切りにし、それを横2等分にする。
● にんじんは厚さ1cmの輪切り、または半月切りにする。
● 大根は厚さ1.5cmのいちょう切りにする。
● セロリとズッキーニは3〜4cm長さに切り、ズッキーニはさらに縦4等分にする。
● パプリカとピーマン、じゃがいもは3cm大の乱切りにする。
● トマトは皮つきでざく切りにする。
● さやいんげんは、筋が硬いものならむく。

煮込みにしっかり味をつけないと、
スムールと合わせたときにぼけた味になってしまいます。
スパイスをきかせ、塩味を決め、
おいしい煮込みを作ってください。

クスクスの作り方

1 仔羊肉に塩（約5g。肉の重量の1.3%）、白こしょうをまぶす。深鍋にピュアオリーブ油適量をひいて強火にかけ、温まったら仔羊肉を入れて表面を焼く。焼き色がついたらつぶしたにんにくを加えて混ぜる。

2 赤唐辛子、クミンシード、コリアンダーを加え、肉にからませながら軽く炒めて香りを出す。玉ねぎ、にんじん、大根、セロリを加え、ひと混ぜする。

3 分量の水を注ぎ、もどした白いんげん豆とひよこ豆、ローリエを加えて強火で沸騰させる。アクをすくい、塩小さじ1/2を加える。弱火にして30分ほど煮る。途中、煮詰まってきたら、ひたひた状態を維持するように水をたす。煮ている間にスムール（p.135）の準備をする。

4 ズッキーニとパプリカを加え、再び強火にし、アクをすくい、弱火にしてさらに10分ほど煮る。

5 ピーマン、じゃがいもを加えて再び10分煮る。最後にさやいんげんとトマトを加え、鍋底から返して20分ほど煮る。水分が足りなければ補い、塩、白こしょうで味をととのえる。

● **盛りつけ**

人数分の大皿盛りでもカレーライスのように1人分ずつ盛ってもよい。スムールを盛り、煮込みの具材だけを盛って、その上にコリアンダーをふる。煮汁は別容器に入れ、マスタード、粗塩、アリッサ（p.135）などの薬味をともに添える。

お約束の薬味 アリッサ

赤唐辛子ベースで作られる辛みとコクを与えてくれる調味料です。クスクスのほか、ケバブなどのアラブ料理には必須で、瓶詰やチューブ入りの市販品もいろいろ売られています。ここでは、数種類のスパイスの風味をきかせた手作りアリッサを紹介します。

つぶつぶパスタ スムール

市販のスムールは蒸したものを乾燥させているので、湯でもどすだけで食べられます。ここでは風味づけにバター、レーズン、クミンシードを混ぜました。バターは冷たい塊のままのせて、熱湯を入れれば自然に溶けてしみ込みます。熱湯を注ぐ前にバターを混ぜるとスムールに油膜ができ、湯がしみ込みにくくなるので注意。

材料 ●3〜4人分

スムール（クスクスの名で市販
　されていることもある）……150g
熱湯……150mℓ
バター（食塩不使用。または
　E.V.オリーブ油）……25g
レーズン……大さじ1
クミンシード……ひとつまみ
塩、白こしょう

材料 ●作りやすい量

チリペッパー（パウダー）……大さじ2
コリアンダー（パウダー）……小さじ½
クミンシード……小さじ⅓
パプリカ（パウダー）……小さじ⅓
塩……小さじ½
砂糖……小さじ½
にんにく（すりおろし）……2かけ分
E.V.オリーブ油……大さじ2

代用するなら／チリペッパーは一味唐辛子やカイエンヌペッパーに代えてもよい。赤唐辛子を使う場合は、種子を除いて輪切りに刻んだのち、大さじ3の熱湯に10分つけてから、湯をきって細かくすりつぶす。

アレンジ／トマトを5mm角に切ったものや、パプリカ（赤）のスライスを炒めたものを加えると辛みが抑えられる（上記写真はこのタイプ）。

作り方

1　スムールをボウルに入れ、バターをのせて熱湯をかける（**a**）。ラップをかぶせて7分蒸らす。
2　スムールが柔らかくふやけたら、塩小さじ¼、クミンシード、白こしょうで味をととのえる。レーズンを加えて混ぜる（**b**）。食べるときにレンジで温め直す。

作り方 ●

すべての材料を混ぜ合わせる。

135

グリーンカレー

各種野菜にほうれん草を加えたグリーンカレー。6〜7人分のレシピでたっぷり2わ分のほうれん草を使ってこそ、色にも味にもグリーンカレーらしさが出ます。ただ、ほうれん草に火を入れすぎると色がとぶので、加えるのは最後です。大量のほうれん草で味が薄まりますから、直前の味見でスパイスがやや強いと感じるくらいにととのえておくのがこつ。

作り方はp.138

トマトカレー

一見、ただのトマトソース。しかし、食べればれっきとしたカレーです。スパイスの辛みとトマトの甘酸っぱさやコクがドッキングして、後味のすっきりとした爽やかなカレーに。ルウを作る必要はなく、玉ねぎ、スパイス、トマトの基本材料をじっくり煮込むうちに自然のとろみがでてきます。スパイスは最低限の4種類をあげましたが、カレーでおなじみのものを自由に加えてかまいません。　　作り方はp.139

野菜をピュレにしてとろみをつける野菜だけのカレーライス。
優しい気持ちになるくらい優しい味です。
うまみだしに昆布と干ししいたけを使います。

グリーンカレーの作り方

材料 ●6〜7人分

ほうれん草……400g（2わ）
玉ねぎ……240g（1個半）
しめじ……100g
なす……180g（小2本）
トマト……1個
にんにく（厚切り）……3かけ分
しょうが（薄切り）……10g
昆布……5cm四方
干ししいたけ……2枚
サラダ油……大さじ3
水……約1リットル
スパイス
　コリアンダー（パウダー）……5g
　クミン（パウダー）……5g
　カルダモン（パウダー）……1.5g
　ガラムマサラ（パウダー）……2.5g
　カイエンヌペッパー……ごく少量（約小さじ1/6）
塩、黒こしょう、E.V.オリーブ油

ジャスミンライス（作り方p.155。白飯でもよい）……人数分
・急冷用の氷水

野菜のアレンジ／ほうれん草、玉ねぎ、トマトが必須。あとはどれか1種でもよいし、にんじん、ズッキーニ、セロリ、大根、かぶを使っても。じゃがいもは不向き。
スパイス／カイエンヌペッパーは必須。そのほかは好みのもの3種だけでもよい。
食べどき／香りがよいのは作りたて。
アレンジ／パルミジャーノチーズをかけても。

1 ほうれん草を塩分濃度1.5%の沸いた湯に入れて柔らかくゆでる。水気をきって氷水に入れてさらす。十分に冷えたら手で水分をきつく絞り、ざく切りにする。

2 玉ねぎは薄切り、しめじはほぐし、なすは厚さ5mmの輪切り、トマトは大きめの角切りにする。

3 深鍋にサラダ油をひいて中火にかけ、にんにくとしょうがを色づかないように炒めて香りを油に移す。玉ねぎ、しめじ、なすを加え、玉ねぎがしんなりするまで炒める。途中で塩をふる。

4 弱火にしてスパイスをすべて加え、粉気がなくなるように2〜3分炒める。
★スパイスは野菜とともに炒めると、焦げにくく、苦み、えぐみが出にくい。

5 「ひたひた強」の水（約700㎖）を入れ、強火にする。昆布、干ししいたけ、トマト、塩を加え、沸騰したらアクをすくう。弱火にして約20分煮込み、途中で煮詰まったら水を約300㎖加える。ほうれん草を加えるときの水分は「ひたひた強」の状態にしておく。

6 ほうれん草を加えて温めてから、昆布を除いてミキサーで攪拌する。鍋に戻して温め、塩で味をととのえる。

7 器にジャスミンライスを盛り、カレーをかける。黒こしょうをふり、E.V.オリーブ油をかける。

トマトカレーの作り方

材料 ●4人分

ホールトマト（缶詰）……800g（2缶）
にんにく（みじん切り）……15g
玉ねぎ（みじん切り）……180g
スパイス
　クミン（パウダー）……5g
　カルダモン（パウダー）……4g
　シナモン（パウダー）……小さじ1/4
　ナツメグ（パウダー）……小さじ1/6
　赤唐辛子（種子を除く）……1/2本
ピュアオリーブ油……大さじ4
塩

ジャスミンライス（作り方p.155。白飯でもよい）……人数分

豚肉ソテー

材料 ●4人分

豚ロース肉……2枚
にんにく（半割）……2かけ分
ローズマリー……1枝
ピュアオリーブ油……大さじ1
塩、白こしょう

トッピングサラダ

材料

赤玉ねぎ（薄切り）……適量
ディルの葉……少量
E.V.オリーブ油、粗塩、白こしょう

・氷水

代用するなら／豚肉の代わりに鶏肉でもよい。
食べどき／香りがよいのは作りたて。
アレンジ／スパイスにクローヴを加えると風味が増す。その場合はパウダーでは強いので、ホールを使う。カイエンヌペッパーやコリアンダーなども自由に加えてよい。

1 鍋にピュアオリーブ油とにんにくを入れて中火にかける。薄く色づいてくるまで炒める。

2 玉ねぎを加え、塩小さじ1/3をふってしんなりするまで2分ほど炒める。次に蓋をして弱火にし、約15分蒸し炒めにして甘みを引き出す。

3 パウダー状のスパイス4種をふり入れ、粉気をきるように1分ほど炒め合わせる。

4 ホールトマトと赤唐辛子、塩小さじ2/3を加えて混ぜ合わせる。蓋はしないで弱火で約30分、ときどき混ぜながら煮込む。

5 豚肉ソテーを作る。豚ロース肉の両面に塩、白こしょうをふる。フライパンにピュアオリーブ油を熱し、豚ロース肉とにんにく、ローズマリーを入れ、弱火でソテーする。焼き色がついたら裏に返し、蓋をして蒸し焼きにする。中心まで火が入ったら取り出す。

6 トッピングサラダを作る。赤玉ねぎを氷水に10分ほどさらしてシャキッとさせる。ザルに上げて水気をよくきる。赤玉ねぎとディルを合わせ、E.V.オリーブ油、粗塩、白こしょうをふってあえる。

7 器にジャスミンライスを盛り、トマトカレーをかける。豚肉のソテーをカットし、トッピングサラダとともに盛る。

トマトとスパイスだけでこんなにおいしいカレーができるなんて！という驚きの一品。爽やかなスパイスカレーに香ばしく焼いたポークやチキンを添える新しいカレーライスです。

少量のひき肉と色とりどりの野菜で作る充実野菜カレー。ルウはすりおろしの玉ねぎやりんごを使い、あっさりしたうまみを加えながらとろみをつける新手法です。数回分のルウをまとめて作って冷凍保存しておけば、くり返し手軽にカレーが楽しめます。ルウにははちみつ、しょうゆ、ソース、トマトケチャップなどを好みで加えるのもよし。オリジナルの新しい味になり、深みも出ます。

野菜ごろごろカレー

材料 ●6〜8人分

- 合いびき肉……150〜200g
- 玉ねぎ（乱切り）……200g（1個）
- にんじん（乱切り）……200g（2本分）
- パプリカ（赤と黄を合わせる。乱切り）……100g（½個ずつ）
- ズッキーニ（厚さ1cmの輪切り）……180g（大1本分）
- なす（乱切り）……140g（2本分）
- かぶ（縦4等分にしてから横半分に切る）……150g（小2個分）
- 長ねぎ（長さ3〜4cm）……50g（½本）
- しいたけ（2等分）……50g（4〜5個）
- トマト（乱切り）……100g（小1個分）
- ブイヨン（作り方p.157）……1リットル
- 塩
- サラダ油……大さじ1
- ルウ（以下の材料で作り、全量使用）
  - クミン（パウダー）……8g
  - ターメリック（パウダー）……4g
  - カルダモン（パウダー）……3g
  - ガラムマサラ……4g
  - 薄力粉……20g
  - にんにく（すりおろし）……10g
  - しょうが（すりおろし）……10g
  - 玉ねぎ（すりおろし）……100g
  - りんご（皮ごとすりおろし）……60g
  - バルサミコ酢……小さじ1½
  - サラダ油……大さじ5
- ジャスミンライス（作り方p.155。白飯でもよい）……人数分

ルウ／油の分量が少ないとスパイスが焦げやすいので、多めの油を使うのがこつ。
食べどき／香りがよいのは作りたて。
アレンジ／ブイヨンの半量をホールトマト500gに代えればうまみが増す。生クリームを最後に少量加えても。

ルウを仕込む

1 鍋にサラダ油、クミン、ターメリック、カルダモン、ガラムマサラ、薄力粉を入れて強火にかけ、鍋が熱くなったら弱火にする。焦げないよう、鍋を揺らしながらスパイスを泳がせるように炒りつける。目安は5分。

2 にんにく、しょうがを入れて、焦げないように手早く混ぜる。

3 香りが出てきたら、玉ねぎとりんごを順に加え、そのつど手早く混ぜる。

4 よく混ぜながら、途中でバルサミコ酢を加えて7分ほど炒める。

カレーソースを作る

5 鍋にサラダ油をひいて強火にかけ、合いびき肉を入れて中火にする。肉の表面が白くなるまで混ぜながら炒める（中は生でよい）。

6 野菜（玉ねぎ、にんじん、パプリカ、ズッキーニ、なす）を入れ、強火にして炒める。途中で塩小さじ½をふる。野菜の表面に油が回り、しんなりしてくればよい。

7 ブイヨン、塩小さじ1を加えて沸かし、アクを取る。

8 ルウを加え混ぜ、中火にして30分ほど煮る。とろみが少ない場合は火を強めて煮詰める。

9 かぶ、長ねぎ、しいたけを入れ、10分ほど煮る。塩で味をととのえ、トマトを加えて3分ほど煮る。ジャスミンライスとともに器に盛る。

野菜を大ぶりに切れば個々の存在が
際立つ野菜感たっぷりのカレーに。
細かく刻めば野菜のうまみが一体化したおいしさに。
どちらも甲乙つけがたい味です。

ブロッコリーはアンチョヴィとの相性が抜群で、おいしいパスタソースになります。もとはチーメ・ディ・ラーパという南イタリア・プーリア州特産の野菜で作るソース。ブロッコリーで代用しましたが、菜の花でもOK。野菜をアレンジしていくことで、料理は無限に広がっていきます。パスタのオレッキエッテは、プーリアの路地裏で太ったおばあちゃんたちが楽しくお喋りしながら手作りしていた姿に、ほのぼのとした気分になったのを思い出します。

ブロッコリーのオレッキエッテ

材料 ●2人分

パスタソース
- ブロッコリー……正味160g（½株）
- アンチョヴィのフィレ……7g
- にんにく（みじん切り）……6g（1かけ分）
- 赤唐辛子（種子を除く）……½本
- ピュアオリーブ油……小さじ2
- 塩……ひとつまみ

オレッキエッテ（ショートパスタ）……120g
オレッキエッテをゆでた汁……適量
塩（ゆで湯用）……湯の重量の1％
E.V.オリーブ油

代用するなら／ブロッコリーの代わりに菜の花でもおいしい。オレッキエッテの代わりにコンキリエ、フジッリなどのショートパスタでもよい。厚みがあり、かみ応えのあるタイプがむく。

特に用意する道具／網杓子。

食べどき／作りたて。

1 大鍋にオレッキエッテをゆでるたっぷりの湯（計量しておく）を沸かし始める。ブロッコリーは小房に切り分け、軸も柔らかい部分は薄く切る。湯が沸いたら塩分1％になる塩を加え、オレッキエッテを入れる。軽く沸騰を保つ火加減で袋の表示どおりの時間でゆでる。

2 オレッキエッテをゆでているところにブロッコリーを加え、一緒にゆでる。指で簡単につぶれる柔らかさまで長めにゆでる。

3 フライパンにピュアオリーブ油とにんにく、赤唐辛子を入れて中火にかける。油が熱くなったら弱火にする。にんにくが色づいてきたらアンチョヴィを加え、溶かしながら炒める。

4 ブロッコリーが柔らかくなったら網杓子などですくって3に加える。ゆで汁（約大さじ3）も一緒に加える。ブロッコリーをつぶしながら煮立てて形をくずす。

5 オレッキエッテがゆで上がったら4に加える。完全に湯きりしないで、少量のゆで汁もつけたまま入れる。中火にして1分ぐらい煮る。

6 塩とE.V.オリーブ油大さじ1を加えて、ぐるぐるとよく混ぜ、全体がとろりとしたら器に盛る。

> 野菜自体がソースになる、
> 郷土料理に多く登場する手法ですが、
> 時を越え、今まさに時代が求める料理になっています。
> くたくたになるまでゆでて、煮て、つぶせば、立派なソースです。

マッシュルームのみじん切りを水分がとぶまでしっかり炒めたものをフランス料理では「シャンピニョン・デュクセル」といい、いろいろな料理に利用します。きのこの風味が凝縮したうまみのベース。このおいしい味をイタリアのパスタソースに取り入れてみました。デュクセルのうまみと香りに生クリームのコクとまろやかさを加え、細身のスパゲッティーニにからめたら、狙いどおりの完璧なパスタ料理に変身しました。

マッシュルームのスパゲッティーニ

材料 ●2人分

パスタソース
- マッシュルーム（軸は除く）……150g（小10個分）
- にんにく（みじん切り）……6g（1かけ分）
- 玉ねぎ（みじん切り）……40g（1/5個分）
- 生クリーム……80ml
- ピュアオリーブ油……小さじ2
- 塩

スパゲッティーニ……120g
スパゲッティーニをゆでた汁……適量
塩（ゆで湯用）……湯の重量の1%
E.V.オリーブ油……大さじ1弱

マッシュルーム／水洗いするとソースが水っぽくなる。汚れは布巾で拭くか、包丁で削る。
調理手順／ソース作りとスパゲッティーニのボイルを同時に始めれば、仕上がりのタイミングがぴったりと合う。
食べどき／作りたて。

1 マッシュルームをフードプロセッサーで1〜2mm角のみじん切りにする。包丁で切ってもよい。

2 大鍋にスパゲッティーニをゆでるたっぷりの湯（計量しておく）を沸かし始める。

3 フライパンにピュアオリーブ油とにんにくを入れて中火にかける。にんにくが薄く色づき始めたら玉ねぎを加え、油が回る程度に炒める。

4 2の湯が沸いたら塩分1%になる塩を加え、スパゲッティーニを入れる。軽く沸騰を保つ火加減で袋の表示どおりの時間でゆでる。

5 3にマッシュルームを加えて炒める。しっとりして水分が出始めるまで火を入れる。

6 生クリームを加え、ひと沸かしする。塩で味をつけ、さらに煮つめて軽くとろみをつける（スパゲッティーニのゆで上がりまで時間があれば火を消して待つ）。

7 温かいソースに、ゆで上がったスパゲッティーニを入れる。完全に湯きりしないで、少量のゆで汁も一緒に入れて味と濃度をととのえる。

8 ぐるぐる混ぜにしてよくからめつつ、なめらかなソースにする。ソースが重くなってしまったら「パスタのゆで汁」を加えてのばす。器に盛り、E.V.オリーブ油を回しかける。

フレンチとイタリアンが融合したパスタ料理です。
はじめはひとつの国の料理を厳密にコピーすることが
大切ですが、料理がわかってきたら、
別の国の発想を取り入れてみてください。
新しい味の世界が広がります。

野菜の葉っぱに皮、軸、切れ端。
これらを捨てるもの、と思っていたらもったいない。
栄養あり、風味ありの立派な食材です。
新しい命を吹き込むように調理して、
ひと味違う野菜料理を楽しみましょう。
こんなに簡単でいいの？　こんなにおいしくていいの？
そう、「残りものには福がある」のです。

残りもので**福**レシピ

調理中に出る使わない葉や切れ端などを、随時容器にためていきます。カットしたものは乾燥しやすいので、水でぬらした布巾やペーパータオルをかぶせ、蓋で密閉して冷蔵庫へ。2、3日以内には使いきります。

福レシピ1 皮、芯、軸で 薬膳風野菜スープ

材料 ●4〜5人分

野菜の切れ端や芯、軸……かさで約500ml分（玉ねぎとにんじんの切れ端とセロリの葉をベースに、下記の「むく野菜」を参照していろいろ取り合わせる）

昆布……4cm四方
干ししいたけ……1枚
赤唐辛子……1本
しょうが……1かけ
にんにく……小1かけ
クコの実（あれば）……3粒
山椒の実（ドライ。あれば）……少量
水……1リットル（野菜の倍量）
塩

●**むく野菜**
玉ねぎ、にんじん、セロリの葉は、
ベースにしたい野菜。
ほかに、大根、かぶ、白菜、トマト、
ズッキーニの各切れ端。
キャベツ、ブロッコリーの芯。
しいたけの軸、とうもろこしの芯やひげなど

●**むかない野菜**
きゅうり、なす、パプリカ、ピーマン、
玉ねぎの皮と芯、葉もの野菜、
いも類やかぼちゃなどの溶けやすいもの

作り方

1. 野菜をすべて薄切りにし、鍋に入れて水を注ぐ。
2. 昆布、干ししいたけ、赤唐辛子、しょうが、にんにく、クコの実、山椒の実を加え、強火にかけて沸騰させる。アクをすくい、中火にして15分ほど煮出す（**a**）。
3. 最後に塩で味をととのえ、こす。温めて器に注ぐ。

★「野菜だし」として使うときは、塩味をつけずにこして使う。

たったの15分でできる薬膳風の野菜スープ。
食事の最初にいただけば、冷えたおなかが温まります。
野菜をどれも薄切りにして、手早くしっかり風味を引き出します。
昆布と干ししいたけから出るだしで、うまみも十分、納得の味。
野菜はだしがらになるので、こし取って、野菜のエキスだけをいただきます。
そのまま飲むだけでなく、「野菜だし」としてほかの料理にも使えます。

福レシピ2　葉や軸をパスタの具に　かぶの葉ペペロンチーノ

材料 ●1人分

パスタ（スパゲッティーニ）……100g
かぶの葉と軸……3、4本〜好きなだけ
にんにく（薄切り）……1かけ分
赤唐辛子……1本
ピュアオリーブ油
塩、白こしょう

パスタをゆでた汁……適量
塩（ゆで湯用）……湯の重量の1%
E.V.オリーブ油

●**代用するなら**
かぶの代わりに大根の軸と葉でもよい。
その場合は、かぶより硬いので
より細かく切って使う。

葉と軸はそれぞれに適した大きさに切る。葉は3cmほど（右）、軸は7〜8mm（中）、葉元に身があればそれも小さく薄切りに（左）。

作り方

1 かぶの葉は幅3cm、軸は幅7〜8mm、身は薄片に切る。

2 塩分1%の湯を沸かし、パスタをゆで始める。

3 フライパンにピュアオリーブ油小さじ1、にんにく、赤唐辛子を入れて中火にかけ、にんにくが色づき始めたらかぶの軸と身を加えて炒める。途中で塩少量をふり、しんなりと柔らかくなるまで火を入れる。

4 葉を加え（**a**）、パスタのゆで汁40mlくらいを鍋からすくって加え、全体をさっと混ぜる。葉に火が入ったら火を止める（**b**）。

5 パスタがゆで上がったら湯をきり、4に加えて強火にする。すぐにE.V.オリーブ油大さじ2を加え、全体を手早くぐるぐるとよく混ぜる（**c**）。ソースが乳化してトロリとすればよい。

6 皿に盛り、白こしょうをふる。

パスタ料理のペペロンチーノに、かぶの葉と軸を加えます。
それだけでいいの？　と驚かれるくらいの簡単レシピ。
にんにくと赤唐辛子だけでもおいしいペペロンチーノだから、
葉と軸が入るだけでもなお、おいしい。炒めるとボリュームが減るので、
多すぎるかなと思うくらいたっぷりと使って。

福レシピ3　いろいろな切れ端で 野菜グラタン

材料 ●5〜6人分

いろいろな野菜の切れ端
　……500g（下記「むく野菜」より取り合わせる）
にんにく…… 1/2かけ
ベーコン（短冊切り）……30g
豆乳……野菜に対しひたひたの量
グリュイエールチーズ*（小片）
　……大さじ山盛り2
パルミジャーノチーズ*（粉末）
　……大さじ山盛り2
パン粉（粗いもの）……適量
塩、白こしょう

＊2種のチーズはどちらか1種類でもよい。モッツァレラチーズやカマンベールチーズでも。

●**むく野菜**
**玉ねぎ、にんじん、大根、キャベツ、
長ねぎ、かぶ、かぼちゃ、じゃがいも、
さつまいも、なす、ズッキーニ、ピーマン、
ほうれん草、小松菜、セロリなど**

●**むかない野菜**
きゅうり

作り方

1　野菜をすべて2〜3cm角に切る。オーブンを200℃に予熱する。
2　グラタン皿ににんにくの切り口をすりつけ、野菜とベーコンを敷き詰める。豆乳をひたひたに注ぎ（野菜が水面から出ていてよい）、塩をふる。強火にかけ、沸騰し始めたら弱火にして5〜6分煮る。完全に火が入るまで煮てもよい。
3　グリュイエールチーズとパルミジャーノチーズ、パン粉、白こしょうをふり、予熱したオーブンに入れる。温度を180℃にして表面に焼き色がつくまで約15分焼く。

野菜の切れ端がたくさん集まったら、まとめてグラタンに。
「さつまいものドフィノワーズ」(p.48)の応用で、
野菜を豆乳で煮てからチーズをふって焼き上げます。
味も食感も違う野菜がごろごろ入った、
ひと口ひと口が楽しいグラタンができます。

> シェフ目線の

野菜手帳

野菜それぞれ、おいしさそれぞれ。持ち味やその生かし方など、シェフ目線のワンポイントをご紹介します。

【アンディーヴ】

フランスではアンディーヴ、イタリアではチコーリアと呼ばれます。日本のスーパーではチコリ（またはベルギーチコリ）の名で売られているのが一般的。葉に独特の爽やかな苦みがあり、みずみずしく、サラダにすれば高級感が増します。加熱してもおいしいので、ソテーして肉料理や魚料理のつけ合わせにもします。

【赤玉ねぎ】

普通の玉ねぎにくらべ、辛みや臭みが少なく風味がよいので、薬味効果が期待できます。サラダなど生でスライスして使用するのがいちばんよい使い方でしょう。比較的大玉が多く、旬は初夏ですので、夏の料理に出番多し。

【エシャロット】

小型玉ねぎの一種でおもに臭み消しやソースの旨みづけに使います。日本で出回っている「エシャレット」は、若採りのらっきょうで、まったく別種の野菜ですから間違わないでください。店頭では紛らわしいのでエシャロットは「ベルギーエシャロット」と呼ばれるようになっています。玉ねぎのような臭みがなく爽やかな香りが重宝され、フランスやイタリアではソースのベースにも多用します。代用するなら風味は違いますが、玉ねぎを。

【かぶ】

アブラナ科の越年草。歴史は古く古代ギリシャの時代から栽培されていた記録が残っています。冬野菜の代表選手で、ほくほくに煮る鍋料理や、食感と甘みを生かしたみずみずしいサラダなどいろいろ使えますね。葉にはカロテンやビタミン、食物繊維が多く含まれるのでしっかりと葉まで使いきるようにしてください。

【かぼちゃ】

現在日本で出回っているかぼちゃはほとんどが西洋かぼちゃですが、黒皮かぼちゃや鹿ヶ谷かぼちゃなどの東洋かぼちゃも多少生産されています。かぼちゃは個体ごとにおいしさの差が激しいので、丸ごと買うときは見分けづらくてリスクがあります。半割や1/4にカットして売っているものなら断面で見て判断しやすく失敗が減ります。持つとずしっと重くて黄金色の深いものを選びましょう。

【カリフラワー】

アブラナ科でキャベツの変種とされている花蕾野菜です。ビタミンCが豊富で、しかも組織の構造上、熱に強いタイプです。ピュレにするときはしっかりゆで

ますが、そのままの形で食べる場合は加熱しすぎて柔らかくなるとおいしくありません。食感を残すことを心掛けてください。茎は「薬膳風野菜スープ」（p.147）などに。

【きのこ】

いろいろなきのこがありますが、それぞれ風味や食感の違いを楽しめますし、またきのこから出る「だし」がおいしいので鍋料理や煮込み料理にも最適です。しいたけは特に個性が強く、味も風味も強いので存在感を生かせる料理に適します。しめじや舞茸、えのきたけ、エリンギなどは単体で使うよりミックスするとおいしさの威力を発揮してくれますよ。

【キャベツ】

春キャベツは格別。柔らかくてとても甘いので生のままでも、さっと加熱してもおいしくいただけます。一年中出回っていますが、春以外のものは身の詰まった重いものを選ぶと甘みが強く風味が高い傾向にあります。じっくりと煮てスープなどを作ると、独特のだしが出るので「だしの素」としても利用できます。

【きゅうり】

日本人には昔から親しみがありますが、やはり真夏の畑から採りたてのきゅうりに、太陽の匂いとともにかぶりつくのがいちばんおいしいイメージです。そういう脳裏に広がるおいしいイメージを崩さないように調理するのも料理のこつです。

【グリーンアスパラガス】

一年中出回っていますが、春から初夏にかけてのものが、いちばん風味がよいです。細いものは、そのまま炒めれば香りがよく、太いものは甘みが強いので、ゆでたり蒸したりするとふくよかな味わいが生まれます。半分より根元寄りの皮は硬いのでむいたほうがよいのですが、薄緑色が残る程度にごく薄くむかなければなりません。白くなるまでむいてしまったら台無しです。そこだけは気をつけてくださいね。

【紅芯大根】

中国から伝わった野菜で字のごとく芯が紅色の大根です。普通の大根より辛みがなく、甘みと少しの苦みを持ちます。酢につけると鮮やかな赤色に変わります。

生のままで色合いや食感を楽しむのもよし、ゆでてからソテーすればほくほくとした食感と甘みが増します。

【ごぼう】

ポリフェノールであるクロロゲン酸を多く含み、抗酸化作用が話題になっています。ですから皮はむかず、軽く洗ったら水にさらさないで調理に入りましょう。食物繊維が多く、がん予防にも効果的です。春先の新ごぼうは、香りが強くてクセは弱いためサラダに適しています。初冬に出回るごぼうは味わいが深く強いので煮込み料理やスープに適しています。

【小松菜】

耐寒性が強く栽培しやすいことから一気に広まりました。旬は冬ですが一年中栽培され、いつでも買えることからいろいろな料理に多用され親しみやすい食材に。油炒めやお浸しがポピュラーですが、パスタやグラタンに入れても爽やかさがアクセントになります。

【さつまいも】

品種や栽培条件により味の個体差が大きいのですが、外見ではなかなか見分けがつきません。切り口に黒っぽい蜜があふれていれば間違いなく甘いのですが、そうでなくともおいしいものはたくさんあります。切ってみなければわからないので、できるだけ太くて密度が高そうな重いものを選ぶようにしてください。

【里いも】

えびいも、さつまいもも同じですが、和のだしで煮てうすく味を含めるとおいしい素材。煮含めた段階で味として完結しているので、これを揚げれば絶対においしいに決まっています。このとき表面をパリッサクッ、中をふわっと揚げるために、ころもはでんぷん100%の片栗粉かコーンスターチ、くず粉を薄くまぶして使います。小麦粉をころもにすると水分を吸ってべたっとしてしまいます。

【さやいんげん】

どんな食材とも相性のよい食材です。ちょうどよくゆで上がったさやいんげんは、香りが高くて本当においしいのでシンプルに調理してみてください。さやいんげんのくたくた煮がおいしいように、色がわるくなっても味のよさを優先して火を入れる調理法もあります。

【じゃがいも】

春先から初夏にかけて出回る新じゃがは、皮が薄く若々しい苦みを感じます。新じゃがのうちだけは、皮つきのままその風味を楽しんでください。秋から冬にかけて収穫後にねかせたじゃがいもは、ねっとりとした甘みを帯びてきます。一年を通して売られていますが、季節により、品種により、多彩な表情があるのでそこを料理に生かしたいところです。保存はできるだけ暗くて風通しのよいところで。

【ズッキーニ】

旬は真夏。カボチャ属で、かぼちゃによく似た実のつき方をします。皮の色は緑と黄のものがあり、形がボール状のものもあります。ほろ苦く甘みもあり、ラタトゥイユには欠かせない野菜です。特大のものは輪切りにしてフライパンで焼くとねっとりとした食感になって風味が高く、ズッキーニのおいしさを堪能できます。生のまま厚さ2～3mmにスライスしてサラダにしてもおいしい。

【大根】

真冬の野菜です。今や一年中出回っていますが、やはり寒ければ寒いほど甘みが増し、きめが細かくなり、食感も絹のようにソフトになります。古くより薬草としても位置づけられていて、春の七草のすずしろにあたります。和食では皮をとても厚くむくことが多いようですが、私は基本的には皮をむかずに使います。

【玉ねぎ】

主役にも脇役にもなれるすぐれもの。大玉で、重なり合う鱗葉が肉厚なものを選ぶようにしてください。甘みを出したいときはじっくりと時間をかけて火を入れます。香りがほしいときは短時間で調理するとよいでしょう。2月ごろ出回る新玉ねぎは辛みが少なくとても甘いので、まずは生のまま畑のおいしさを感じてください。ねかした玉ねぎは外側の鱗葉に辛みとにおいが強いので、中のほうだけを使うとマイルドに仕上がります。保存は暗く風通しのよいところで。

【とうもろこし】

近年日本では品種改良が重ねられ、たくさんの甘くておいしいとうもろこしが生まれました。朝採れ産直が当たりまえになった今、畑からの距離が近くなり、おいしいとうもろこしが安く手に入るようになりました。日の昇る前に収穫するのには理由があり、暗いうちに糖度を蓄え、明るくなれば自らその糖分を消費してしまう性質からそのような収穫方法が生まれました。

【トマト】

トマトは多種多彩ですから、いろいろな調理が楽しめます。まずは生のトマトのおいしさを十二分に引き出すこつをマスターしてください。重くて比較的水分の少ないものが、味が濃くおいしいのですが、まだ青い部分が残るものや真っ赤で種子の大きいものも甘みこそ落ちますが、それなりの風味がありおいしいものです。塩を上手に使ってどんなトマトでもより好みせず楽しんでみてくださいね。

シェフ目線の **野 菜 手 帳**

【なす】

なすはたくさんの種類がありそれぞれ特徴があって楽しめる食材です。夏場は皮が硬いので、ものによっては少し皮をむきますが、秋のなすはむかずに使うのがよいでしょう。へたの下が白いものがおいしいです。油と相性がよく、美しい藍色がおいしさを引き立てます。

【にんじん】

最近は黄にんじんや紫にんじんなど、色も風味も色とりどりのものを楽しめます。春のにんじんは生のまんま齧っても香り高くてみずみずしく、そのまま使うのもおすすめです。にんじんを単独で調理するときは、にんじん自体がすごくおいしくないとよいものができません。イマイチなものにあたったときには、スライスしてベーコンと合わせて、クミンシードかコリアンダーシードを効かせて蒸し煮にするとよいですよ。私は基本的に皮をむきませんが、皮をむくのならできるかぎり薄く。おいしさと栄養成分は皮のすぐ下にあります。

【白菜】

冬野菜の代表選手です。初期は栽培が難しく、明治、大正にかけて品種改良され現在の姿になりました。白より薄黄色の部分が多いと甘みが強いようです。目が詰まり重くふっくらと大きいものを選んでください。いろいろな味に染まってくれるいい人、のような野菜です。

【パプリカ】

色鮮やかでいろいろな色がありますが、赤いものがいちばんおいしく、独特の持ち味が出て、調味料やスパイスとしてもさまざまに加工されています。たくさん使用しても料理の味を壊さないため使いやすい食材。パプリカを柔らかに煮るペペロナータという料理ではうまみが濃縮されて、調味料として使えるくらい味の深いものに。

【ビーツ】

姿は大根やかぶに似ていますが、まったく違う種の植物で、ほうれん草と同じアカザ科です。鮮やかな赤色が特徴で、ロシア料理のボルシチに使われることで有名です。鮮やかな赤を楽しみましょう。

【フェンネル】

フランスではフヌイユと呼ばれ、和名はういきょう。古代エジプトやローマですでに栽培されていた記録がある歴史の古い野菜です。アニスに似た甘い香りがあります。葉柄の肥大した部分は食感がよく風味が強いので、サラダのアクセントや魚料理によく合います。

【ほうれん草】

旬は冬ですが、いまや一年中ある野菜です。舌の奥を刺激するシュウ酸が含まれているので、ゆでたらたっぷりの水に取って冷まし、よく水気を絞って抜きます。甘みと風味が強く、何にでもよく合います。根元の茎が集合した部分は切り落としてしまいがちですが、おいしいので全部使いましょう。

153

シェフ目線の **野 菜 手 帳**

【ホワイトアスパラガス】

レストランではフランスやドイツ、イタリアのものが一般的ですが、最近は国産のものも多く出回るようになりました。ほのかな苦みと甘みを持ち、圧倒的な存在感を漂わせます。輸入物は各地から一年中入荷していますが、春先のものは特に風味が増します。根元のほうは表面の繊維が強いので、ピーラーでむいて取り除きます。むき終わりは、繊維が1筋も残っていないかどうか、明るいところでよく見て確認してください。1筋でも残っていると、お皿の上でスッと切ることができません。

【ポワロー】

一般的には英語でリーキとも呼ばれます。ねっとりとした甘みと上品な香りが特徴で、弱火で甘みを出して、ポタージュの隠し味や蒸し煮料理によく使います。栽培方法は根深ねぎ（長ねぎなど）と同じですが、薬味効果ではなく、料理の上では上品な甘みと風味をにないます。代用するなら根深ねぎになりますが、下仁田ねぎのような太ねぎならよりよい。

【マッシュルーム】

生でよし、加熱してよし、独特の風味とうまみを持ちます。煮込めばおいしい「だし」がでて、料理の味のベースになってくれます。ホワイト種、オフホワイト種、クリーム種、ブラウン種の4品種があり、それぞれ用途に応じて使い分けます。

【もやし】

脇役で補足的に使われがちですが、じつはとても味の濃い野菜で使い方次第です。ただ水分が多いので水分を抜いてコクうま濃縮をするのがこつ。鍋に、もやし、オイル、塩を入れてひたひたの水でゆで、そのゆで汁が煮詰まって再びもやしにからまると独特の強い味が出てきます。単体でもおいしいですが、ここに豚こま切れ肉やあさりを加えても美味。

【モロヘイヤ】

刻んだりゆでたりすると、つるむらさき同様にムチンによる独特の粘りが出てきます。栄養価が極めて高く「野菜の王様」の異名を持つ優れもの。エジプトやインド、アフリカ諸国で古くから栽培され、肉といっしょに煮込んだりスープにしたり、多彩な料理があります。

【レタス】

生のままサラダにするのが一般的ですが、じつはサラダに使う葉もの野菜としてはあまり魅力を感じず、むしろ加熱したほうが面白い野菜だと思います。爽やかな甘みが生まれて、しゃきしゃきした歯ごたえがよく、料理のアクセントになります。スープやパスタ、米料理などに使うと料理の幅が広がります。

【れんこん】

原産は中国やインドとされ、日本に伝わり広まりました。独特の粘りとさくさく、ほくほくとしたいものような食感は親しみやすく、今や日本料理には欠かせない野菜となりました。現代のイタリアやフランス料理でもこぞってアレンジレシピが考案され、その素直な味わいが人気の食材です。色止めに酢を使うときれいな色に仕上がります。太く肉厚のものを選びましょう。

レシピで説明しきれなかったこと

料理をするときに意識してほしい大切なことや、レシピで言葉たらずになっていること、補足しておきたいレシピなど、料理ページでお伝えしきれなかったいろいろを最後にまとめました。

油の使い分け

本書では4種の油を使っています。サラダ油とピュアオリーブ油は炒めたり焼いたりする加熱調理に、E.V.オリーブ油となたね油は盛りつけたあとに回しかけたり、サラダの調味など、生で使って風味を生かしています。ただ、サラダ油とピュアオリーブ油はレシピにあるとおりに使い分けなくてもかまいません。どちらか1種類で通してもよいですし、ひまわり油、サフラワー油(紅花油)、グレープシード油など、軽くてあまりクセのないものなら好みのもので大丈夫です。

油の量

加熱時の油の量は料理によって異なります。一般に油を嫌う方が多く、少なめにしがちですが、多めに使わなければならない料理もあることを知ってください。多く使うことにも理由があるのです。少ないとかえって野菜が油を吸いすぎることにもなりかねません。多めに使ったほうが色よく仕上がり、余計な油を排出してくれることもあります。どうしても気になる方は、最後に油分をすくったり、揚げものなら網の上で油分をきったり、あるいはペーパーなどで拭き取ったりすればよいでしょう。

切り方、形と厚み

切り方は重要です。同じ野菜でも料理によって切り方は変わりますが、それぞれにその切り方の意味があります。当然、味や香りの出方に関わってきます。また、ひとつの料理で同じ輪切りでも野菜によって厚みは変わります。1mm単位で味は変わる、というくらい厳密に臨んでください。

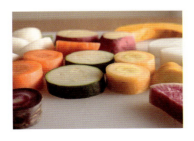

材料の量と鍋の大きさ

料理は材料の分量と鍋の大きさが合っていないとうまく仕上がりません。鍋が大きすぎても小さすぎても、火の伝わり方や水分の蒸発量、焼き加減などが違ってくるからです。火加減の強弱でコントロールできるものでもありません。材料がほどよく鍋底全体に広がり、高さの余裕もある適切な大きさの鍋を使うことを習慣づけましょう。

シノワ

フランス料理の道具で、円錐形の金属製こし器。目が細かいので、スープやだしなどを作るときになめらかな液体にこすことができます。目は少し粗くなりますが、家庭用の金属製ザルや万能こし器で代用してもかまいません。その場合、だしがらが目を通って出るときは、ザルにペーパータオルをのせてこします。

ジャスミンライス

タイ産の長粒米のひとつで、香ばしい香りがあることから「香り米」とも呼ばれているジャスミン米を炊いたもの。粘りが少なく、うまみもあり、カレーにおすすめ。

▶グリーンカレー(p.136)、トマトカレー(p.137)、野菜ごろごろカレー(p.140)で使用

材料●4〜6人分

ジャスミン米……3合(540mℓ)
水……米の容量の1〜1.2倍量
にんにく(薄い輪切り)……½かけ分
サラダ油……小さじ2

作り方

ジャスミン米、水、にんにく、サラダ油を炊飯器に入れ、普通に炊く(写真のように鍋を使っても炊ける)。ジャスミン米は洗わずにそのまま入れてよい。

タイミング

料理は時々刻々と変化し、常に生きています。決して止まってくれません。ですから料理は「タイミング」が重要。しかし微妙なところはレシピでは表現しきれません。状態を見極めることで、タイミングの合った調理を心掛けてください。

また、食べるタイミングも大切です。せっかくおいしく仕上げても、いつまでもおしゃべりして料理を放っておいたら味はどんどん劣化していくだけ。調理しただけで満足せず、おいしいうちに食べてもらうよう必ず促してくださいね。

トマトソース

缶詰のホールトマトと玉ねぎで作る標準的なトマトソースです。短時間でできて、うまみのある仕上がりです。

▶米なすのグラタン(p.51)で使用

材料●仕上がり量約200g
ホールトマト(缶詰)
　……200g
玉ねぎ(みじん切り)……75g
にんにく(薄切り)……1かけ分
赤唐辛子……1本
塩、ピュアオリーブ油

作り方
1 にんにくと赤唐辛子をピュアオリーブ油で炒め、香りを出す。
2 玉ねぎを加えて炒め(**a**)、透明感がでてきたらホールトマトを加えて強火で10分煮つめる(**b**)。塩で味をととのえる。

「にんにくをつぶす」とは

にんにくの切り方でもっとも多いのは、＜みじん切り、薄切り、つぶす＞の3種。香りの出方が異なり、もっとも強く出るのがみじん切りで、薄切り、つぶすの順に弱まります。つぶすときは、薄皮をむいたにんにくを丸ごと、あるいは縦半分に切ってから、包丁の腹でぐっと体重をかけてブスッと押しつぶしてください。

半熟玉子

冷蔵庫から出したての冷たい卵でも、時間どおりにゆでればちょうどよい半熟加減になる方法を紹介します。ゆで始めにしばらく卵を転がすと、黄身が中心にゆで上がります。

▶ポテトピュレのサラダ(p.78)、
ポテトサラダ パスタ入り(p.78)で使用

作り方
1 沸騰した湯に冷蔵庫から出したての卵を1個ずつそっと入れ、6〜7分ゆでる。火を止めたら、そのまま2分おいて余熱で火を入れる。
2 たっぷりの氷水に移して急冷する。

☆13〜14分ゆでれば固ゆで玉子になる。

「ひたひた」の水分量とは

材料をゆでたり、煮たりするときの、材料に対する水分量の表現。材料のおおかたが水分で覆われつつ、ところどころ少しだけ水面より出ているところがある水加減が「ひたひた」(写真上)。「ひたひた強」は、材料がすべて完全に水につかっているぎりぎりの状態(写真下)。それよりも多い場合は、ひたひたより1cm上などと表記しています。

レシピで説明しきれなかったこと

ブイヨン

骨付きの鶏肉と香味野菜だけで作る簡単で便利なブイヨン。材料も作り方もシンプルですが、十分にうまみが出ます。鶏ガラに代えてもよく、その場合はきれいに水洗いして適宜の大きさに切って使ってください。また、ブイヨン自体には塩を入れず、それぞれの料理で塩味をつけます。冷蔵庫で3日間保存できます。
手間をかけられないときは固形ブイヨンの素を適宜溶いて使ってください。その場合、すでに塩味がついているので、料理の味つけには注意を。

▶ モロヘイヤのスープ（p.123）、
野菜ごろごろカレー（p.140）で使用

材料●仕上がり量 850mℓ
骨付きの鶏肉（手羽先、手羽中など）……350〜400g
にんじん……1/2本
玉ねぎ……1/2個
セロリ（葉も使う）……1/3本
水……1.5リットル

作り方
1 にんじんは厚さ3mmの薄切り、玉ねぎとセロリは2〜3cm角に切る。
2 鍋に鶏肉と野菜を入れ、水を注ぐ（**a**）。強火にかけて沸騰させ、アクを取る。弱火にして30分煮出す。
3 鶏肉と野菜を除き、液体分をこす。

ペイザンヌとは

「スープ・ペイザンヌ」「サラダ・ペイザンヌ」の2つの料理名についています。ペイザンヌはフランス料理で使われる野菜の切り方で、拍子木切りや色紙切りなどにしたもの。料理によっては「田舎風」の意味で使われることもあります。

水と油の「分離」と「乳化」

水と油を合わせると、水の上に油が浮いた「分離」の状態になりますが、よく混ぜることでふたつが分子レベルで均一に混ざって一体化します。それが「乳化」です。料理ではたとえばドレッシングやパスタソースを作るときに、液体が白濁するくらいまでよく混ぜて乳化させ、なめらかでマイルドな味に仕上げることが重要なテクニックのひとつになっています。

本書では「フルーツトマトのマリネ」作りでも乳化のテクニックを使っています。トマトに塩を加えて出てきた水分に、オリーブ油を加えて混ぜ合わせるときに乳化を目指します。一方、グリーンサラダの項では、オリーブ油と水分（ヴィネガーやレモン汁）が分離した（乳化させない）イタリア式ドレッシングの調味方法も紹介しました。分離したソースは、それぞれの材料の風味がストレートに舌や鼻腔を刺激し、また別のおいしさを生みだします。

野菜の皮はむくのか？

野菜の皮をつけたまま調理するか、むいて調理するかは、野菜により、料理により違います。皮のすぐ内側に栄養もうまみもあるので、柔らかく食べられる皮であれば、できるだけつけたまま調理します。

◎基本的に皮を生かすもの
かぶ、大根、にんじん、ごぼう、れんこん、かぼちゃ、ズッキーニ、きゅうり、なす、ラディッシュ、さつまいも
◎皮をむくもの
アスパラガス（緑、白ともに）、ビーツ、玉ねぎ
◎料理によるもの
トマト、パプリカ、じゃがいも

冷凍野菜の下処理

グリーンピースなどの冷凍野菜は、霜がついていたり、固まっていたりすることがあるので、水にさっと通して霜を除き、ばらして調理します。そのまま使うと、霜のにおいや水分が料理に影響します。洗い流すと冷凍庫臭も緩和します。また、霜が多すぎるものは品質が低下している可能性があるので、なるべく霜の少ないものを使ってください。

主要食材別、料理インデックス

野菜

青じそ
- 緑のガスパチョ …… 125
- 冷製しそスープ …… 130

赤玉ねぎ
- 基本のグリーンサラダ＋食感素材 …… 58
- タブレ …… 70
- トマトカレー（トッピングサラダ） …… 137
- パンツァネッラ …… 96

アンディーヴ（チコリ）
- アンディーヴと若鶏のサラダ …… 68
- バーニャカウダ …… 94

エシャロット
- エシャロットヴィネガー …… 61
- 野菜の淡味マリネ …… 102

エンダイブ
- 基本のグリーンサラダ …… 57

かぶ
- いろいろゆで野菜と米酢ゼリーのカクテル …… 28
- かぶとえびのサラダ …… 74
- かぶとカリフラワーのスープ …… 110
- かぶの葉ペペロンチーノ …… 148
- 基本のグリーンサラダ＋食感素材 …… 58
- サラダ・ペイザンヌ …… 66
- バーニャカウダ …… 94
- 焼き野菜ミックス …… 32
- 野菜グラタン …… 149
- 野菜ごろごろカレー …… 140
- 野菜だけのポトフ …… 42
- 野菜の淡味マリネ …… 102
- ゆで野菜ミックス …… 26

かぼちゃ
- いろいろゆで野菜と米酢ゼリーのカクテル …… 28
- かぼちゃのグラタン …… 50
- かぼちゃのスープ …… 114
- 焼き野菜ミックス …… 32
- 野菜グラタン …… 149
- 野菜テリーヌ …… 98

カリフラワー
- かぶとカリフラワーのスープ …… 110
- 野菜のア・ラ・グレック …… 92
- 野菜の淡味マリネ …… 102
- ゆで野菜ミックス …… 26

キャベツ
- 基本のミネストローネ …… 116
- くたくたミネストローネ …… 116
- コールスロー …… 74
- スープ・ペイザンヌ …… 120
- 焼き野菜ミックス …… 32
- 野菜グラタン …… 149
- 野菜だけのポトフ …… 42
- 野菜テリーヌ …… 98

きゅうり・ミニきゅうり
- 赤のガスパチョ …… 125
- 基本のグリーンサラダ＋食感素材 …… 58
- きゅうりドレッシング …… 62
- サクサクきゅうりサラダ …… 72
- サラダ・ペイザンヌ …… 66
- タブレ …… 70
- バーニャカウダ …… 94
- パンツァネッラ …… 96
- ポテトサラダ …… 77
- ポテトサラダ パスタ入り …… 78
- ポテトピュレのサラダ …… 78
- 緑のガスパチョ …… 125
- 野菜の淡味マリネ …… 102

グリーンアスパラガス
- グリーンアスパラガスのスープ …… 115
- 焼きグリーンアスパラガス …… 34
- ゆで野菜ミックス …… 26

グリーンピース
- グリーンピースのスープ …… 112

ごぼう
- ごぼうのスープ …… 114

小松菜
- 小松菜ドレッシング …… 62
- 小松菜パルミジャーノ …… 29
- 野菜グラタン …… 149

サニーレタス
- 基本のグリーンサラダ …… 57

さやいんげん
- クスクス …… 133
- さやいんげんとマッシュルームのサラダ … 73
- ゆで野菜ミックス …… 26

しょうが
- ウスターソース …… 64
- グリーンカレー …… 136
- トマトケチャップ …… 64
- 薬膳風野菜スープ …… 147
- 野菜ごろごろカレー（ルウ） …… 140

ズッキーニ・黄ズッキーニ
- 黄ズッキーニとあさりのスープ …… 129
- 基本のミネストローネ …… 116
- 基本ラタトゥイユ …… 82
- クスクス …… 133
- くたくたミネストローネ …… 116
- サラダ・ペイザンヌ …… 66
- バーニャカウダ …… 94
- 焼き野菜ミックス …… 32
- 野菜グラタン …… 149
- 野菜ごろごろカレー …… 140
- 野菜テリーヌ …… 98
- 野菜のア・ラ・グレック …… 92

スティックセニョール
- ゆで野菜ミックス …… 26

スナップえんどう
- ゆで野菜ミックス …… 26

セロリ
- 赤のガスパチョ …… 125
- ヴィシソワーズ …… 128
- ウスターソース …… 64
- 基本のグリーンサラダ＋食感素材 …… 58
- 基本のミネストローネ …… 116
- クスクス …… 133
- くたくたミネストローネ …… 116
- サラダ・ペイザンヌ …… 66
- セロリドレッシング …… 62
- タブレ …… 70
- バーニャカウダ …… 94
- パンツァネッラ …… 96
- ポテトサラダ …… 77
- ポテトサラダ パスタ入り …… 78
- ポテトピュレのサラダ …… 78
- 緑のガスパチョ …… 125
- 野菜の淡味マリネ …… 102

大根・紅芯大根・紅くるり大根
- いろいろゆで野菜と米酢ゼリーのカクテル …… 28
- 基本のグリーンサラダ＋食感素材 …… 58
- クスクス …… 133
- サラダ・ペイザンヌ …… 66
- 大根サラダ …… 75
- 大根ステーキ …… 36
- バーニャカウダ …… 94
- 焼き野菜ミックス …… 32
- 野菜グラタン …… 149
- 野菜だけのポトフ …… 42
- 野菜テリーヌ …… 98
- 野菜のア・ラ・グレック …… 92
- 野菜の淡味マリネ …… 102
- れんこんとえびのガレット …… 41

玉ねぎ
- 赤のガスパチョ …… 125
- ウスターソース …… 64
- かぼちゃのスープ …… 114
- 黄ズッキーニとあさりのスープ …… 129
- 基本のミネストローネ …… 116
- 基本ラタトゥイユ …… 82
- クスクス …… 133
- くたくたミネストローネ …… 116
- グリーンカレー …… 136
- ごぼうのスープ …… 114
- 新玉ねぎのスープ …… 113
- スープ・ペイザンヌ …… 120
- 玉ねぎヴィネガー …… 61
- 玉ねぎドレッシング …… 62
- 玉ねぎのコンフィ …… 52
- トマトカレー …… 137
- トマトケチャップ …… 64
- トマトサラダ …… 73
- トマトと玉ねぎのスープ …… 112
- にんじんとパプリカのスープ …… 115
- パイヤッソン …… 39
- ポテトサラダ …… 77
- ポテトサラダ パスタ入り …… 78
- ポテトピュレのサラダ …… 78
- マッシュルームのスパゲッティーニ …… 144
- 緑のガスパチョ …… 125
- 野菜グラタン …… 149
- 野菜ごろごろカレー …… 140
- 野菜だけのポトフ …… 42
- 野菜テリーヌ …… 98
- レンズ豆のスープ 水ゼリー添え …… 126

とうもろこし
- とうもろこしのスープ …… 113
- とうもろこしの6対4サラダ …… 75

トマト・緑トマト
- 赤のガスパチョ …… 125
- 大玉トマトのマリネ …… 88
- 基本ラタトゥイユ …… 82
- クスクス …… 133
- グリーンカレー …… 136
- シェフ風冷やしトマト …… 73

タブレ……70
トマトケチャップ……64
トマトコンフィ……104
トマトと玉ねぎのスープ……112
トマトドレッシング……62
パンツァネッラ……96
野菜ごろごろカレー……140
冷製しそスープ……130
長ねぎ
ヴィシソワーズ……128
野菜グラタン……149
野菜ごろごろカレー……140
れんこんとえびのガレット……41
なす・米なす
基本のミネストローネ……116
基本ラタトゥイユ……82
くたくたミネストローネ……116
グリーンカレー……136
なすのバルサミコ酢マリネ……106
米なすのグラタン……51
焼き野菜ミックス……32
野菜グラタン……149
野菜ごろごろカレー……140
野菜テリーヌ……98
にんじん・カラーにんじん・黄にんじん・紫にんじん
いろいろゆで野菜と米酢ゼリーのカクテル……28
ウスターソース……64
基本のグリーンサラダ＋食感素材……58
基本のミネストローネ……116
キャロット・ラペ……72
クスクス……133
くたくたミネストローネ……116
サラダ・ペイザンヌ……66
スープ・ペイザンヌ……120
にんじんステーキ……37
にんじんとパプリカのスープ……115
にんじんドレッシング……63
バーニャカウダ……94
焼き野菜ミックス……32
野菜グラタン……149
野菜ごろごろカレー……140
野菜だけのポトフ……42
野菜テリーヌ……98
野菜のア・ラ・グレック……92
野菜の淡味マリネ……102
白菜
白菜と豚肉のミルフイユ……44
野菜だけのポトフ……42
パプリカ
赤のガスパチョ……125
基本のミネストローネ……116
基本ラタトゥイユ……82
クスクス……133
くたくたミネストローネ……116
サラダ・ペイザンヌ……66
タブレ……70
にんじんとパプリカのスープ……115
バーニャカウダ……94
パプリカドレッシング……62
ペペロナータ……105
焼き野菜ミックス……32
野菜ごろごろカレー……140
野菜テリーヌ……98
野菜の淡味マリネ……102

ビーツ
いろいろゆで野菜と米酢ゼリーのカクテル……28
ピーマン
クスクス……133
バーニャカウダ……94
野菜グラタン……149
フェンネル（ういきょう）
アンディーヴと若鶏のサラダ……68
基本のグリーンサラダ＋食感素材……58
サラダ・ペイザンヌ……66
バーニャカウダ……94
フルーツトマト
シェフ風冷やしトマト……73
フルーツトマトのマリネ 桃添え……86
フルーツトマトのマリネ……89
ブロッコリー
いろいろゆで野菜と米酢ゼリーのカクテル……28
ブロッコリーアンチョヴィ……29
ブロッコリーのオレッキエッテ……142
焼き野菜ミックス……32
野菜テリーヌ……98
ゆで野菜ミックス……26
ペコロス
野菜の淡味マリネ……102
ベビーリーフ
基本のグリーンサラダ……57
ほうれん草
くたくたミネストローネ……119
グリーンカレー……136
野菜グラタン……149
ホワイトアスパラガス
ホワイトアスパラガスのソテーのとろとろ玉子添え……90
ポワロー（リーキ）
野菜のア・ラ・グレック……92
ミニトマト
アンディーヴと若鶏のサラダ……68
基本のミネストローネ……117
くたくたミネストローネ……119
サラダ・ペイザンヌ……66
シェフ風冷やしトマト……73
バーニャカウダ……94
ミニトマトのマリネ……89
野菜のア・ラ・グレック……92
みょうが
野菜の淡味マリネ……102
芽キャベツ
ゆで野菜ミックス……26
モロヘイヤ
モロヘイヤのスープ……123
ヤングコーン
野菜のア・ラ・グレック……92
ラディッシュ
サラダ・ペイザンヌ……66
バーニャカウダ……94
ルーコラ
基本のグリーンサラダ……57
サラダ・ペイザンヌ……66
れんこん
焼きれんこん……35
れんこんとえびのガレット……41
ロマネスコ
ゆで野菜ミックス……26
わさび菜

基本のグリーンサラダ……57

いも

さつまいも・紅いも
さつまいものドフィノワーズ……48
焼き野菜ミックス……32
野菜グラタン……149
野菜テリーヌ……98
じゃがいも
ヴィシソワーズ……128
クスクス……133
じゃがいもと鯛のトルティーノ……40
スープ・ペイザンヌ……120
つぶしマッシュポテト……47
なめらかマッシュポテト……47
パイヤッソン……39
ポテトサラダ……77
ポテトサラダ パスタ入り……78
ポテトピュレのサラダ……78
焼き野菜ミックス……32
野菜グラタン……149
野菜だけのポトフ……42

きのこ

えのきたけ
きのこのブレゼ……52
しいたけ
きのこのブレゼ……52
焼きしいたけ……34
野菜ごろごろカレー……140
しめじ
きのこのブレゼ……52
グリーンカレー……136
まいたけ
きのこのブレゼ……52
マッシュルーム
きのこのブレゼ……52
基本のミネストローネ……116
くたくたミネストローネ……116
さやいんげんとマッシュルームのサラダ……73
マッシュルームのスパゲッティーニ……144
干ししいたけ
グリーンカレー……136
薬膳風野菜スープ……147
野菜だけのポトフ……42

豆・穀類

白いんげん豆
基本のミネストローネ……116
クスクス……133
くたくたミネストローネ……116
ひよこ豆
クスクス……133
緑レンズ豆
レンズ豆のスープ 水ゼリー添え……126
丸麦・押し麦
基本のミネストローネ……116
くたくたミネストローネ……116
タブレ……70
キヌア
ラタトゥイユとキヌアのカクテル……85

真中陽宙 まなか あきお

1967年埼玉県北本生まれ。「クイーン・アリス」にて料理の基礎を、「コートドール」でスタイルの異なるフランス料理を学んだ末、パスタ好きであることからイタリアンに転身。「リストランテ・ヒロ」にて山田宏巳氏からイタリアンの基礎や発想などを学ぶ。一時「リストランテ・ヒロ」でシェフを務めたのち、「リストランテ アガペ」のシェフになる。2008年クイーン・アリスグループより独立。2014年「アガペ カーザマナカ」をオープン。現在、飲食店のコンサルタントを行うかたわら、自然農の農園レストラン開業を目指し、農業を勉強中。

Staff

写真／白根正治
アートディレクション／山川香愛
デザイン／山川図案室
スタイリング／佐々木カナコ
校正／株式会社ヴェリタ
編集／河合寛子
編集部／伊藤尚子

撮影協力
株式会社ワキュウトレーディング：
　マッシュルーム
株式会社デニオ総合研究所：
　STAUB（ツヴィリング J.A. ヘンケルス ジャパン
　株式会社）鍋
株式会社グループセブ ジャパン：
　ラゴスティーナ ガラス蓋つきステンレス製両手鍋
UTUWA：器（一部）

VEGETABLE
真中シェフの野菜のおいしい「こつ」レシピ

発行日　2016年2月15日　初版 第1刷発行
　　　　2021年7月15日　　　第2刷発行

著者　　真中陽宙
発行者　竹間 勉
発行　　株式会社世界文化ブックス
発行・発売　株式会社世界文化社
　　　　〒102-8195　東京都千代田区九段北4-2-29
　　　　電話 03-3262-5118（編集部）
　　　　電話 03-3262-5115（販売部）
印刷・製本　共同印刷株式会社
DTP製作　株式会社アド・クレール

©Akio Manaka, 2016. Printed in Japan
ISBN 978-4-418-16300-7

無断転載・複写を禁じます。定価はカバーに表示してあります。
落丁・乱丁がある場合はお取り替えいたします。